AF385451

MÉMOIRE

SUR

LES FIÈVRES,

EN OPPOSITION A LA NOUVELLE DOCTRINE.

Par H. DARDONVILLE,

DOCTEUR-MÉDECIN DE LA FACULTÉ DE MÉDECINE DE PARIS.

> Le *distinguo* est le plus universel
> membre de ma logique.
> MONTAIGNE.

A PARIS,

Chez
GABON, RUE DE L'ÉCOLE DE MÉDECINE, N° 36 *bis*.
MÉQUIGNON-MARVIS, MÊME RUE, N° 3.

DE L'IMPRIMERIE DE FIRMIN DIDOT.

1821.

A M. DUPUYTREN,

MON MAITRE.

Hommage de respect et de reconnaissance.

H. DARDONVILLE.

MÉMOIRE

SUR

LES FIÈVRES,

EN OPPOSITION A LA NOUVELLE DOCTRINE.

Une question importante de médecine occupe en ce moment les esprits.

Peut-on mettre en doute l'existence des fièvres essentielles (1)? les discussions du jour déterminent suffisamment le sens de cette question, et la réduisent à cette autre beaucoup plus positive : *peut-on* nier l'existence des fièvres dont la cause ne soit pas une irritation ou une inflammation locale et partielle dans un organe? je dis locale et partielle dans un organe; car c'est cet état, comme cause de ces fièvres, qui a été récemment substitué aux différens désordres auxquels on les

---

(1) Question mise au concours par la Société de médecine de Paris.

attribuait et parmi lesquels on reconnaissait des irritations générales, des systêmes organiques. Cette question mériterait de demeurer parmi les songes d'une vaine théorie si une supposition exclusive ne pouvait conduire aux plus funestes méprises dans le traitement.

Une seule lumière a été sûre dans les sciences, c'est celle qui jaillit des faits, consultons-les donc. Nous nous ménageons une grande ressource de vérité en voulant ignorer ce que nous ne pourrons pas connaître par cette voie.

Pour l'ordre seulement de cet examen, nous suivrons la classification des fièvres dites essentielles. Nous verrons bien après cette discussion, si à toute rigueur et avec toutes les ressources des théories, on peut enfin nier l'existence des fièvres dites essentielles.

Nous avons déja une grande lumière pour nous défier, tout au moins, qu'un organe unique, et qui pis est un désordre unique dans cet organe, produise toutes ces fièvres, si différentes par tous leurs symptômes, et que la nouvelle théorie fait naître toutes d'une cause invisible et mystérieuse qu'elle veut bien nous révéler.

Cette lumière dont nous parlons est la certitude de fait que différentes parties de notre corps peuvent être affectées par des causes particulières connues, qui n'affectent pas les autres parties comme la variole qui enflamme généralement la peau, et non le système lymphatique et la vérole plus particulièrement, ce dernier système; elles nous révèlent bien, il est vrai, qu'il y a toujours irritation, mais elles nous apprennent aussi qu'il y a cent causes différentes qui peuvent la faire naître. Telles sont les principes de la variole, de la vaccine, de la scarlatine, de la rougeole, de la syphilis, de la gale, de la rage, de la peste et de toutes les maladies contagieuses. Parce que toutes irritent ou enflamment, direz-vous cependant qu'elles ne diffèrent point entre elles? Pourquoi donc, comme l'observe aussi M. Bousquet (1), ne peuvent-elles pas se suppléer? pourquoi n'y a-t-il que la vérole qui puisse donner la vérole, le virus vaccin la vaccine? pourquoi la gale ne produit-elle pas la rage, et réciproquement?

____

(1) Quelques réflexions sur l'Anatomie pathologique. *Journal complém. des Sciences médicales.*

1.

On voit donc évidemment que les causes ont leurs organes d'élections, qu'elles agissent exclusivement sur tels systêmes, et sont sans action sur tels autres. Ainsi nous voyons les lésions fébriles avoir leurs causes et leurs organes d'élections, les unes agir généralement sur le systême vasculaire sanguin, d'autres sur le systême muqueux, sur l'appareil biliaire et gastrique, et sur le systême nerveux, etc.

Quoique ces causes soient bien moins évidentes que les principes contagieux dont nous venons de parler, c'est-à-dire, ceux de la variole, de la rougeole, etc. Elles n'en existent pas moins, leur influence générale n'en est pas plus douteuse et chacune des causes des fièvres essentielles n'en appartient pas moins à tel systême plutôt qu'à tel autre; et je le répète, chacune d'elles ne peut être suppléée. Ainsi nous ne voyons pas les causes de la fièvre inflammatoire développer une fièvre muqueuse; et le systême vasculaire sanguin être affecté par les mêmes causes qui développent celle-ci. Les épidémies ne le prouvent-elles pas? Il faut donc, pour qu'une cause agisse, qu'elle soit en rapport avec l'organe qu'elle frappe. Il est donc des causes qui, par notre disposition organique ne peuvent agir exclusivement sur un seul point. De même que nous voyons les principes de la variole, de la syphilis, agir généralement sur tout un système, de même nous voyons les causes de la fièvre inflammatoire et muqueuse, irriter les unes tout le système vasculaire sanguin, et les autres tout le système muqueux sur-tout gastrique. Dans ce cas se trouvent presque tous les principes contagieux, les exanthêmes variés, ainsi que presque toutes les causes des fièvres essentielles ; inflammatoire, muqueuse, bilieuse, ataxique, intermittente simple ou pernicieuse, celle du typhus et de la fièvre jaune. Observez avec un esprit calme et non prévenu et vous verrez que toutes ces lésions différentes ont leurs causes propres et qu'elles ne bornent pas leur action nuisible sur un seul point, sur un organe unique, et vous jugerez aisément que tous les phénomènes que vous observez dans le cours de ces affections variées ne sont pas l'expression symptomatique d'un seul organe malade. Il n'y a qu'une imagination en délire qui ait pu enfanter une telle hypothèse. Cependant, tout absurde qu'elle est, présentée avec art, relevée par les sinistres résultats du système de Brown dont on se fait le violent antagoniste, et dont on fait ressortir avec art les vices, cette théorie séduit la multitude, devient une source d'erreurs pour les hommes ordinaires et l'écueil de l'inexpérience.

Cette supposition, ou cette prétendue doctrine a d'autant plus d'attraits pour la jeunesse qu'elle semble tout simplifier. C'est une méthode abrégée à l'aide de laquelle on peut tout reconnaître et remédier à tout, qui dispense du soin de réfléchir, de raisonner et de recourir aux leçons de l'expérience dont les fruits sont si tardifs.

Il est bien plus court, il est vrai, pour les partisans des théories de l'humorisme, du Brownisme, de purger dans tous les cas leurs malades, ou de les incendier par les toniques ; aux visionnaires de l'inflammation, de les épuiser par la saignée et l'eau pure ; de ne voir dans les fièvres inflammatoires, bilieuses, muqueuses, putrides, ataxiques, intermittentes, etc. que gastro-enterite, que d'interroger tous les organes souffrans l'un après l'autre, d'analyser jusqu'aux moindres phénomènes, de baser sur un examen réflé-

chi le mode de médication à suivre. Mais cette
dernière marche est vulgaire et trop lente.
Aussi, aujourd'hui, rue des Grès on fait un
cours et un médecin en trois mois. Et par un
procédé que les maîtres de l'art n'ont pu encore concevoir, mais que l'inexpérience seule
admire et conçoit, on n'a besoin, pour apprendre à connaître les fièvres essentielles
comme les fièvres symptômatiques, que de
voir le bout de la langue et de toucher le
creux de l'estomac; et pour les traiter, de
quelques sangsues, d'eau gommée et d'un peu
de moutarde aux pieds. Voilà toute la doctrine des fièvres qu'on veut faire triompher,
voilà même toute la doctrine. « Toutes les
fois qu'un organe dit M. Broussais, est assez
irrité pour provoquer la fièvre, il ne la produit jamais que par l'irritation réunie du cœur
et des membranes muqueuses; sans l'irritation de celles-ci, point de fièvre.» (*Journ. univ.
des sciences médicales*, pag. 143.)

« Quand bien même le miasme du typhus
pénètrerait par l'absorption cutanée, il ne
produirait point la fièvre sans que le principal point d'irritation ne se trouvât dans les

membranes muqueuses.» (Broussais. *Examen de la doctrine médicale*, p. 111.) Et, pour toute preuve, il nous en donne l'assurance.

Mais interrogeons les faits, eux seuls peuvent faire justice de ces chimères si avidement accueillies par la multitude, plus amie du merveilleux que du vrai. Avant d'entrer en matière, disons un mot sur la différence réelle ou conventionnelle qu'il y a entre la fièvre et les fièvres.

Depuis la plus haute antiquité, on a établi une différence entre la fièvre et les fièvres.

Quand la fièvre est le résultat de la maladie d'un organe, de son inflammation, par exemple, on la regarde comme un symptôme; si, au contraire, la fièvre ne peut être rapportée à une affection locale, on la considère comme une maladie qui a ses symptômes, et une marche toute particulière.

«Les anciens, dit Galien, appelaient fièvres les maladies qui surviennent sans inflammation, sans abcès, sans douleur, sans érysipèle ou sans lésion spéciale de quelque partie, mais si c'était une inflammation du côté, du poumon ou de telle autre partie; ces maladies ne prenaient pas le nom de fièvres, mais celui

(9)

de pleurésies, de péripneumonie, d'affection du foie ou de la rate. » (Galien, *in Aphor.*, Hipp., *lib.* 4.)

On s'est donc servi généralement du mot fièvre pour donner un nom à des maladies qu'on ne pouvait rapporter à une affection locale.

Le mot fièvre, comme l'observe M. Jallon (1), n'est pas, comme on l'a dit ironiquement, *un substantif dont le pluriel est plus clair que le singulier*, mais un substantif dont le singulier est pris dans un sens et le pluriel dans un autre.

La fièvre entre dans les symptômes de presque toutes les maladies; les fièvres sont des maladies particulières, distinguées par des signes et une marche qui leur est propre.

Les anciens, qui n'étaient point éclairés comme nous le sommes aujourd'hui par le flambeau de l'anatomie, de la physiologie et de l'anatomie-pathologique et générale, considéraient les fièvres comme des êtres qui existaient en nous.

Les fièvres essentielles, dites *sennert*, existent

----

(1) Thèse soutenue le 22 mai 1819.

par elles-mèmes : *febres essentiales per se extant.*

Mais aujourd'hui, éclairés par des connaissances plus positives, nous savons qu'il n'y a point de maladies sans lésions d'organes; qu'il n'y a pas de fièvres existant par elles-mêmes; quelles sont toutes dépendantes de la lésion d'un appareil d'organes ou de systêmes. *Febris potius morborum umbra quam ipse morbus.*

Mais s'il est vrai que les fièvres ne sont généralement que les cris d'un organe malade retentissant par écho, ne l'est-il pas également qu'il existe des maladies dont la cause porte ses ravages sur un grand nombre d'organes à-la-fois ou sur toute l'étendue d'un système de l'économie, et qu'alors il existe des fièvres dont le siège est plus difficile à découvrir, l'irritation étant éparpillée sur plusieurs points? car on sait que plus une irritation est concentrée, plus elle est violente, plus les phénomènes qui la dévoilent sont ostensibles; au contraire plus elle est générale, moins ils le sont, moins la douleur est vive. Comparez, par exemple, la douleur que détermine l'érésipèle, à celle que produit la rougeole, la variole ou autre éruption de tout le système cutané, et vous apprécierez aisément combien la différence est grande.

Ainsi, on entend généralement aujourd'hui par fièvres essentielles, non un être particulier qui existe en nous, mais la lésion de tel ou tel système ou appareil d'organes. Et le médecin doit donc avoir pour but de découvrir le siège de ces lésions, afin de les traiter avec plus d'assurance et de les guérir avec plus de certitude; de même, il doit suivre, observer leur influence sympathique sur toutes les parties de l'économie.

Depuis long-temps les médecins ont senti combien il importait de découvrir le siège des lésions fébriles; et de tous, celui qui l'a fait avec plus de succès est M. Pinel. En effet, des six ordres de fièvres primitives qu'il a admis, cinq sont fondés : le premier, sur une affection du système vasculaire sanguin; le second, sur une irritation spéciale de l'estomac, et de l'appareil biliaire; le troisième, sur l'irritation catarrhale des membranes musqueuses du conduit alimentaire; le cinquième, sur l'irritation du système nerveux; et le sixième, sur l'affectation si-

multanée des nerfs et des glandes. Lorsqu'il
a donné au quatrième ordre, à la fièvre
adynamique, un nom tiré de l'état des forces, il ne s'est pas écarté du plan qu'il s'é-
tait tracé, celui d'une classification complète
des fièvres, d'après les lésions des organes.
« Ennemi des hypothèses, dit M. Jallon, il
a décrit exactement les symptômes, laissant
à des recherches ultérieures le soin d'en découvrir et d'en faire connaître le siège. »

Nous verrons mieux encore en interro-
geant les faits, s'il est vrai que toute espèce
de fièvre a pour cause une irritation locale.
Cet examen nous engagera naturellement à
indiquer les causes qui peuvent être réelles;
je m'impose sur-tout de ne me servir que
des faits familiers et tellement constants,
que si quelques esprits voulaient en douter,
ce doute paraîtrait une de ces exceptions
sans conséquence, incapables de porter atteinte à la vérité dans le jugement des
hommes de bonne foi.

Malgré une convention fondée sur l'expérience et l'induction qui s'y lie, nous sen-
tons combien il est difficile de rendre cette
conviction évidente, par des démonstrations

irrécusables, aux yeux de tous les juges. Nous ne savons que trop qu'en médecine on n'a pas les moyens de prouver comme en géométrie où l'évidence de la chose se passe de l'assentiment volontaire, qui n'est forcé par rien dans l'art de guérir.

Fièvre inflammatoire.

Voyons donc, d'après l'analyse de quelques faits, si d'abord la fièvre inflammatoire est symptômatique d'une phlegmasie, ou de l'irritation de la muqueuse gastrique.

Un élève en médecine, âgé de 21 ans, d'un tempérament sanguin, pléthorique, passe plusieurs jours et plusieurs nuits à l'étude pour se préparer à un concours; il se nourrit très-substantiellement, prend peu d'exercice. Après une semaine de ce régime, il éprouve un malaise général, des douleurs de tête, un léger frisson auquel succède une vive chaleur de tout le corps, la peau est brûlante, hâliteuse, les yeux sont injectés et sensibles à la lumière, le pouls est plein, dur, fréquent, régulier, les urines colorées, la langue devient blanchâtre, la bouche pâteuse, le sommeil très-agité, accompagné de rêves. On oppose à ces accidents une limonade abondante, des bains de pieds, des lavements et la diète la plus austère ; vingt-quatre heures se passent dans ce régime, le désordre reste le même, on fait une saignée au pied, peu de changement ; la nuit suivante est très-agitée, et tous les symptômes persévèrent encore, la saignée est répétée dans le milieu du jour, l'agitation ne diminue pas jusqu'à trois heures du matin du troisième jour, alors le malade s'endort ; à sept heures, il se réveille inondé de sueur et recouvre la santé.

« Un jeune homme, dit Galien, avait abandonné depuis long-temps les exercices de la gymnastique, les avait repris brusquement et avec une sorte de fureur, peu de jours après : chaleur vive, mais douce au toucher, pouls fréquent et développé, urine presque naturelle, pour la couleur, le visage plein et fortement coloré, sentiment de pesanteur et de plénitude ; la saignée fut différée les premiers jours sous divers prétextes, et l'exacerbation de la troisième nuit fut moins forte que celle du premier jour, quoique toujours accompagnée d'un sentiment de tension dans toute l'habitude du corps, et d'une douleur pulsative à la tête. La saignée alors pratiquée fut portée jusqu'à la défaillance, ce qui fut suivi d'un sommeil profond et aussitôt après, la convalescence. »

Les causes qui ont agi généralement, les symptômes généraux, la cessation prompte de tous les troubles fébriles, ne prouvent-ils pas en faveur d'une irritation de tout le système vasculaire-sanguin ? une phlègmasie locale, assez forte pour développer une telle fièvre, n'aurait-elle pas été plus évidente ? des phénomènes locaux ne nous auraient-ils pas autrement annoncé son existence ? Aucun désordre de la sensibilité ne pouvait masquer une phlègmasie locale dont la durée eût été de trois à quatre jours. S'il en eût été ainsi, aurait-elle cédé aussi brusquement à une simple évacuation sanguine, sur-tout une phlègmasie de la membrane muqueuse, ou d'organe pareuclimateux, ordinairement si opiniâtres ? Nous ne le pensons pas, l'expérience nous ayant appris qu'une lésion locale assez forte pour occasionner un trouble aussi général ne cède pas aussi instantanément.

« Mais les nosologistes modernes, dit l'auteur de la nouvelle doctrine, en nous donnant ces maladies pour essentielles, n'ont pas prétendu qu'elles fussent indépendantes des irritations locales, puisqu'ils nous disent un excès d'intempérance, un emportement de colère, une douleur excessive produite par une blessure, une fracture, une luxation, en un mot, toute cause physique et morale, propre à établir une réaction du système sanguin peuvent produire une semblable fièvre. »

En effet les nosologistes admettent de telles causes et non une exclusive. Ils savent d'après l'observation qu'une vive irritation locale peut réagir sur toute l'économie, sur le système vasculaire sanguin, et produire tous les symptômes d'une fièvre inflammatoire, et ils l'admettent. Ils n'en concluent pas pour cela que cette fièvre soit constamment le résultat d'une lésion locale, d'autant plus qu'elle parcourt quelquefois ses diverses périodes sans le secours de l'irritation première, quoique celle-ci en ait été la cause primitive.

Un jeune homme tombe de cheval après

quelques excès de tables et se casse la jambe. Pléthorique, d'un tempérament sanguin, il est, peu de temps après, atteint d'une fièvre inflammatoire; sa fracture était simple, sans déchirement des tégumens, et fut remise quatre heures après l'accident. Les phénomènes fébriles s'annoncent par un léger frisson d'un instant, par une chaleur très-vive et par tous les symptômes propres à cet ordre de fièvres, on l'abreuve abondamment de limonade, on le saigne le lendemain et le surlendemain de l'accident, et le troisième jour une sueur abondante termine tous les accidents fébriles. Depuis l'instant du pansement, le malade n'a éprouvé aucune douleur dans la jambe, le gonflement avait été peu considérable.

Ici, pouvons nous considérer la fièvre comme symptômatique de la fracture entretenue, pendant trois jours, par son irritation? nous ne le pensons pas. Nous avons bien vu, il est vrai, la fracture être cause première du trouble fébrile; mais aussi, nous avons vu la fièvre inflammatoire parcourir ses périodes sans son influence. Puisque la fracture était simple, sans déchirement, et qu'aucune inflammation vive n'est survenue dans le lieu de la fracture, la fièvre qui a duré, trois jours, a dû évidemment son existence à l'irritation du système valculaire sanguin, l'âge, le tempérament, l'abus des spiriteux, ont disposé à l'irritation générale et l'ont entretenue. La muqueuse a-t-elle été seule la cause du trouble fébrile? sans son irritatation, ce trouble n'aurait-il pas eu lieu? L'auteur de la nouvelle doctrine n'en doute pas, c'est-là son idée mère, sans laquelle tout son édifice s'écroulerait. Quant à nous, qui n'avons pas l'avantage d'en avoir créé, qui n'en craignons pas la ruine par conséquent, nous observons un trouble général, nous voyons que certains organes doués de plus de sensibilité expriment plus ostensiblement leur douleur, que les membranes muqueuses, par exemple, plus irritables que les autres systèmes, nous accusent plus particulièrement leurs souffrances, le système vasculaire les parcourant comme la plupart des organes; mais de ce qu'ils expriment plus sensiblement l'altération ou l'exaltation de leurs propriétés vitales ou de leur sensibilité, il n'en résulte pas qu'elles soient les

seuls organes malades, qu'elles aient seules
la faculté de produire tout phénomène fébrile, seulement leur excès de sensibilité
doit être prise en considération dans le cours
du traitement.

Lorsque cette fièvre n'est pas compliquée
d'affections locales , lorsqu'elle est traitée
convenablement, il est rare dans nos climats qu'elle soit assez violente pour déterminer la mort , aussi sommes nous peu
éclairés par l'anatomie-pathologique; cependant, la pratique de l'illustre Franck nous
offre quelques autopsies qui viennent à l'appui de la thèse que nous soutenons ici. Un fait
remarquable est consigné dans son *Epitome*,
t. 1 ; un autre, dont j'ai été témoin oculaire,
nous a offert l'inflammation de tout le systême vasculaire. Voici le dernier fait que j'ai
rapporté dans mes réflexions pratiques sur
les dangers des systèmes en médecine, p. 52.

Pendant mon séjour à Vienne en Autri-
che, lors du congrès de 1814, je fus appelé
pour observer un élève de l'école d'artillerie
de Vienne, atteint d'une fièvre inflammatoire
au plus haut degré, traité par Pierre Franck
(je suivais alors la clinique de l'illustre Hil-

debrand). La violence de cette fièvre était telle, que chaque battement du cœur faisait éprouver au corps une espèce de commotion, et rendait les pulsations des artères anti-brachiales sensibles à l'œil. Un trouble général compliqué de délire, se remarquait dans toutes les fonctions. Je ne vis le malade que la veille de sa mort.

Pierre Franck qui fut appelé dans les premiers jours, et qui avait déjà observé plusieurs cas semblables, caractérisa cette fièvre inflammatoire, désespéra de sauver le malade, et prédit qu'à sa mort on trouverait la tunique interne des gros vaisseaux d'un rouge vif. En effet, l'ouverture faite en présence de Louis Franck, son neveu, du médecin et chirurgien de l'école d'artillerie, nous trouvâmes ce qu'il avait annoncé : toute la membrane interne du ventricule gauche du cœur, des gros et des petits vaisseaux, aussi loin qu'on peut les suivre, d'un rouge vif. On n'observa aucune autre phlègmasie locale; le cerveau seulement gorgé de sang, le cœur de volume ordinaire.

Cette observation dont la vérité ne peut être

contestée, et que l'on verra sans doute paraître un jour dans les immortels écrits de Pierre Franck, si déjà elle n'est publiée, prouve bien que la fièvre inflammatoire peut être le résultat de l'irritation générale du système vasculaire-sanguin, et non symptômatique d'une gastro-entérite. La fièvre inflammatoire est en général bien plus violente dans le nord que dans nos climats; aussi nous ne trouvons pas des faits semblables rapportés dans nos précieux recueils d'observations.

Si nous observons si souvent, dans le cours des fièvres essentielles, des phlègmasies locales, elles sont presque toujours consécutives, que de fois ne remarquons-nous pas ces accidents, ces compilations phlègmasiques, non-seulement à la suite des fièvres essentielles, mais à la suite des éruptives, de la variole, de la rougeole, etc., résultat d'imprudence ou d'un mauvais traitement; ces fièvres, malgré ces fâcheuses complications d'inflammation locale, n'en ont pas moins le caractère propre, ne cessent pas pour cela d'être fièvres éruptives.

Voici donc trois exemples de fièvres qu'on a nommées inflammatoires essentielles, dans aucune, loin de trouver des preuves d'une irritation bornée, et de la muqueuse gastrique, nous n'en avons pas eu la moindre apparence, et nous avons fait notre protestation contre toute hypothèse employée au lieu de preuves; on pourrait donc s'en tenir à cette raison, nier comme cause une irritation locale, ce qui est la même proposition que de ne pouvoir nier l'existence des fièvres essentielles; mais de plus, le système vasculaire trouvé enflammé dans le dernier exemple, montre non-seulement qu'on est réduit à ne pouvoir prouver une irritation locale, mais qu'on peut prouver le contraire. Après cela, je le répète, nous sommes bien éloignés de nier, qu'une irritation locale, comme une blessure considérable, ne puisse produire un trouble général, et qui en peut douter? Mais s'il y a de la sagesse à admettre cette cause, il serait superflu de démontrer que c'est fort mal raisonner que de la donner comme exclusive et surtout d'établir sur d'aussi faibles bases un système tout rempli d'ypothèses, qu'à peine les meilleurs fondements pourraient faire excuser.

Que de preuves ne pourrions-nous pas encore accumuler contre cette théorie, au sujet de la fièvre inflammatoire. Si nous en énumérions toutes les causes, le tempérament, la constitution des malades, les symptômes et la durée, si nous les comparions aux phénomènes fébriles qui sont symptômatiques d'une lésion locale.

Comparez l'histoire d'une gastrite, d'une entérite ou d'une péripneumonie, avec les faits précédens, assez intenses sur-tout pour provoquer une fièvre inflammatoire, vous les trouverez tous dissemblables; une douleur locale ou une sensibilité évidente, des symptômes locaux vous révèleront la phlègmasie locale, sur-tout lorsqu'il n'existe aucun désordre nerveux qui puisse troubler la sensibilité, et masquer la souffrance d'un organe enflammé. Verrez-vous encore une phlègmasie locale assez forte pour produire un trouble aussi général, céder en trente-six ou soixante-douze heures, et par un traitement général? ne savons-nous pas que presque constamment, il faut invoquer un traitement local dans les lésions locales. On sait enfin que plus une irritation est localisée, plus elle cède lentement et difficilement aux moyens qu'on lui oppose.

Il y a bien, il est vrai, entre ces lésions locales et générales des symptômes semblables et généraux ; mais n'y en a-t-il pas dans une gatrite et une péripneumonie ? et faut-il pour cela les confondre et ne pas modifier le traitement ?

Pour produire la fièvre, il faut déterminer l'excitation et l'irritabilité dans un endroit quelconque, s'il a lieu dans un des organes, il y aura phlègmasie locale, mais si tout le système sanguin est sujet de l'irritation, il y aura fièvre inflammatoire.

Fièvre bilieuse.

Nous venons déja de voir, par les considérations précédentes sur la fièvre inflammatoire, qu'il est plus que douteux que ce premier ordre de fièvre soit symptômatique d'une phlègmasie locale. Nous avons vu aussi que tout en n'adoptant pas la théorie du jour, nous ne considérons pas la fièvre inflammatoire comme un être imaginaire, *extat per se*, existant en nous, sans léser certaines parties du corps déterminées.

Interrogeons de même les faits pour la fièvre bilieuse.

La fièvre bilieuse est-elle aussi symptômatique d'une phlègmasie de la muqueuse gastrique? Quoique l'auteur de la nouvelle doctrine se rencontre ici un peu avec la vérité, nous allons le voir bientôt s'en éloigner par suite de cet esprit de système qui le porte à ne poursuivre qu'une seule idée et à lui tout rallier. Ainsi dans cette fièvre, comme dans toutes, il ne voit que l'exclusive irritation de la muqueuse gastrique, ne considère, par exemple, la surabondance de la bile, l'irritation de l'appareil biliaire, l'altération de ce fluide, la présence des matières saburrales affectant désagréablement les organes de la digestion, dépravant ses appétits, exaltant la sensibilité, que comme effets constants de l'inflammation, et non comme cause première de la fièvre bilieuse.

Cependant la facilité avec laquelle tous les symptômes bilieux cèdent à des vomissements spontanés ou artificiels, ou bien à une diarrhée, n'indiquent-ils pas que la matière évacuée, peut-être, aussi cause irritante et non simple effet secondaire? En admettant ces causes, nous sommes loin de les considérer comme exclusives. L'on a vu si fréquemment la fièvre gastrique ou bilieuse produite par une irritation accidentelle des voies digestives et sans sabure gastrique, développer en peu de temps tous les symptômes, que l'on peut donc admettre cette espèce d'irritation comme cause suffisante de la maladie. Au lieu de faire un choix exclusif entre ces deux opinions, et de ployer les faits pour les faire concorder avec celle que nous adopterions, il nous paraît plus sage de les accorder, en reconnaissant que la fièvre bilieuse est essentiellement produite par la réaction des organes digestifs irrités sur toute l'économie : que cette irritation peut tenir à des causes diverses; mais que la plus fréquente est une surabondance de matières bilieuses déposées dans les voies digestives.

Mais laissons parler les faits. Le premier que nous citerons nous donnera l'histoire d'un embarras gastrique, citée par M. Broussais lui-même, non M. Broussais de la nouvelle doctrine, mais M. Broussais des phlegmasies chroniques, dans son traité des fièvres hectiques à une époque où il n'avait pas intérêt à soutenir une thèse contraire.

« Une femme de trente ans, d'une constitution délicate, habituée depuis nombre d'années à une nourriture légère, fut tout-à-coup réduite à un régime directement opposé, tel que de chairs enfumées, et de poissons salés. D'abord fièvre tierce batarde; elle cesse au bout d'un mois. La malade abuse ensuite d'une teinture stomachique fort âcre; accroissement de l'appétit; espèce de boulimie. Peu après, pertes des forces et de l'appétit; chaleur interne; pouls s'accélérant le soir et après le repas. Enfin, langueur universelle, et tuméfaction des pieds; plusieurs semaines se passent ainsi. Un médecin est mandé; il croit reconnaître une sabure acide, et donne le tartrite antimonié de potasse dans un véhicule tonique; vomissement de matières verdâtres; diminution des symptômes. Trois jours après il réitère; même effet. Alors la fièvre cesse, et quelques toniques achèvent en peu de jours la guérison. »

Ici, nous avons vu des aliments de mauvaise pâture occasionner un embarras gastrique, et les matières bilieuses ou saburrales affecter désagréablement l'estomac, et détruire l'appétit, après l'avoir vivement

exalté, même jusqu'à la boulimie et développer la fièvre. Nous avons vu ce trouble s'é-
vanouir par l'usage d'un vomitif. Si l'irritation phlègmasique eût été cause de cette
lésion, de la fièvre, de l'innapétence, l'é-
métique l'aurait plutôt aggravée que dissipée.
Au contraire, les matièies suburales à peine
expulsées, la fièvre a cessé; donc elles étaient
causes essentielles.

Il faut que notre organisation soit bien
changée depuis quinze ans. Alors M. le docteur Broussais obtenait des succès par la méthode évacuante, par les émétiques, non-
seulement dans les embarras gastriques, mais
même dans les fièvres héctiques occasionnées
et entretenues par cette cause. Voici ce qu'il
disait sur ces fièvres et sur l'embarras gastrique:

« C'est ici l'occasion de payer au professeur Pinel une petite partie du tribut qui
lui est dû. Il nous a fait connaître l'embarras gastrique par un petit nombre de
symptômes invariables, et il nous a avertis
que cet état ne cédait qu'à l'émétique : rien
de plus facile à retenir. J'ai vu, si j'ose ici
offrir mon témoignage, des malades prendre

cinq à six purgatifs, sans pouvoir s'en délivrer et guérir aussitôt qu'on les avait fait
vomir. Ceci n'est point un mystère pour les
médecins d'aujourd'hui; mais ce que je crois
pouvoir ajouter avec fruit, c'est que ces malades, qui ne digèrent plus, tombent peu-
à-peu dans une petite fièvre, avec des redoublements quelquefois réguliers et irréguliers
qui les entraîne dans la consomption. Ren-
dus à ce point, personne ne soupçonne la
cause; ils sont en vain gorgés de boissons
toniques ou de pectoraux adoucissants; rien
ne les soulage; mais si le remède leur pro-
cure des vomissements, on les voit se rétablir avec une promptitude étonnante. J'atteste
avoir vu, depuis quatre mois, plusieurs cas
de cette espèce, que je crois devoir assimiler
aux hectiques gastiques; je vais citer les plus
intéressants. »

La première observation qu'il rapporte est
celle d'une femme de soixante ans, qui prit
infructueusement des boissons abondantes,
de purgatifs pour remédier à une ophtalmie,
entretenue par un amas bilieux et fébrile,
compliquée de fièvre; il ne parvint à dé-

truire les accidents que par des vomitifs.
Voici comment il termine le récit de cette
observation, trop longue pour la rapporter
dans tous ses détails.

« Tous les vomitifs avaient été administrés
par mon conseil; mais comme je ne voyais le
malade que fort rarement, j'en ignorais l'effet. Enfin, des questions réitérées m'apprirent
qu'aucun d'eux n'avaient excité de vomissements. Dès lors, mon espoir se ranima; je
plaçai auprès de cette dame une personne de
confiance, avec injonction de réitérer les
doses de tartrite-antimonié de potasse, d'ipé-
cacuanha et d'eau chaude, jusqu'à ce qu'elle
eût obtenu des vomissements bilieux. Cet ordre
est strictement exécuté, et dès le soir, appétit, beaucoup moins de fréquence dans le
pouls, plus de chaleur nocturne, sommeil.
Le lendemain toujours mieux. On donne le
kina en décoction; le malade se trouva parfaitement bien sous le rapport du système
gastrique et des forces. »

Mais élevons-nous à des faits plus graves,
dont les symptômes bilieux soient bien dessinés, qui prouveront mieux encore l'in-

fluence nuisible des matières saburrales et bilieuses, et que leur présence sur la muqueuse gastrique peut être cause première de la fièvre gastrique.

J'ai vu, dit Stoll, en parlant des effets funestes dans les fièvres bilieuses, l'émétique calmer des malades qui avaient eu le délire aussitôt après avoir été saignés; j'ai vu des affections soporeuses, le renversement spasmodique de la tête en arrière, et la courbure du tronc, la paralysie des muscles d'un des côtés du visage, le bégaiement, j'ai vu tous ces maux guéris par les éméto-cathartiques. Voici un fait digne de toute notre attention.

« Un tonellier, âgé de trente-neuf ans, eut des alternatives de froid et de chaud, la veille de Pâques, il éprouva les mêmes ac cidents, pendant huit jours, sans se mettre au lit; enfin, il tomba sur un escalier, et se froissa fortement l'occiput et le dos, le mal de tête, des douleurs du dos et des reins suivirent cette chûte; il vomit des matières bilieuses, un peu de sang. On le saigna peu après; il fut soulagé; mais le mal de tête augmenta d'une telle manière, presqu'aussitôt, qu'on fut obligé d'apporter ce malade à l'hôpital des Frères de la Miséricorde; il se trouva bien de l'exhibition d'un émétique; il sortit de cet hospice; il se porta bien pendant quelque temps; huit jours étaient à peine écoulés que le mal de tête se fit encore ressentir, accompagné de tintement et de bourdonnement d'oreilles, et d'une sorte d'embarras dans les perceptions; la respiration devint gênée; il rendit des crachats muqueux, verds; il n'avait point de rapports; la cardialgie, la tension des hypocondres, et même de tout le ventre, le fatiguaient beaucoup; il allait difficilement à la selle; le pouls était vîte, plein sans être dur; je lui fis appliquer un vésicatoire à la nuque, et je lui prescrivis d'autres remèdes d'usage; j'avais intention de faire supurer long-temps le vésicatoire; je fis saigner ce malade une seconde fois; le sang était couvert d'une couenne inflammatoire; quoique le chirurgien qui l'avait visité après sa chute, n'eût pu découvrir aucune lésion, je portai toute mon attention plutôt sur cet accident que sur l'état saburrale des premières voies. Deux jours après j'observai que ce malade avait un commencement d'opisthotonos, les angles

de ses lèvres étaient retirés des deux côtés ;
il bégayait ; ses perceptions étaient confuses ;
il avait une grande tendance au sommeil ; le
pouls était vîte sans être dur ; une émulsion
purgative avec la manne et le sulfate de
magnésie que je fis passer, évacua beaucoup de matières, sans que le malade fut
soulagé ; il était toujours de mauvaise hu-
meur, troublé, dans un état comateux ;
je lui donnai un émétique le cinquième
jour après son entrée à l'hôpital. Il vomit
beaucoup de matières vertes, d'un jaune
foncé ; aussitôt après le vomissement, il fut
moins assoupi, plus gai, la bouche était
bonne quoique la langue fut encore saburrale ; la cardialgie, la tension du ventre et
des hypocondres diminuèrent ; il respirait
aisément, sans douleur, mais la toux survint ; un nouvel émétique, que j'administrai
deux jours après, lui fit rendre beaucoup
de matières jaunes, vertes, ayant la consistance de bouillie ; cette évacuation fut suivie
d'une diminution considérable dans tous les
symptômes ; je fis succéder à ce remède une
solution de sels neutres, pour entretenir le
ventre plus libre, et expulser le reste des

matières saburrales. Peu de jours ensuite, quatorze jours ou environ, après son entrée à l'hôpital, ce malade étant bien de toute manière, eut une fièvre quotidienne, intermittente bénigne, elle céda à l'usage du quinquina; il sortit bientôt ensuite entièrement guéri. »

Hippocrate place dans les hypocondres la cause de quelques affections de la tête et principalement du délire. On lit dans son livre des affections : Lors de l'invasion de la frénésie, la fièvre est légère, le malade ressent de la douleur dans la région précordiale, et principalement du côté droit, vers le foie, mais lorsque le quatrième ou le cinquième jour est arrivé, la fièvre est plus forte, les douleurs augmentent, le malade devient jaune et a l'esprit abattu.

L'auteur de ce livre dit qu'il faut, dans ce cas, évacuer par les sels, faire boire de l'eau avec l'oximel; il ajoute : c'est la bile qui cause cette maladie, lorsqu'après avoir été mise en mouvement, elle se fixe du côté du viscère et aux environs du diaphragme. Quant à moi, choisissant la voie la plus courte, j'aimai mieux chasser la bile par le haut que par le bas.

Que nous a offert l'observation du tonne-
lier? Une gastrite, ou un ensemble de phénomènes excités par l'action stimulante des
matières bilieuses ou saburrales accumulées
dans les voies digestives? Le malaise éprouvé
primitivement, pendant huit jours, la chûte,
le vomissement de matières bilieuses n'an-
noncent-ils pas que les principaux accidents
ont été occasionnés par l'embarras bilieux
des premières voies, que la chûte a augmenté
encore. La saignée, qui ne produisit qu'un
soulagement passager, et le mieux sensible
survenu à la suite d'un émétique, ne nous por-
teraient-il pas à accuser plus particulièrement
l'accumulation de la bile, qu'un état phlegmasique primitif, d'autant plus que nous
avons vu, par la suite, tous les accidents se
reproduire et s'aggraver par la saignée, et
ne cesser qu'après deux émétiques qui éva-
cuèrent d'abondantes matières vertes-jaunâ-
tres, et après l'emploi de purgatifs salins? Si
une phlegmasie eût été la cause première exclusive de tous les phénomènes fébriles, l'é-
métique, les purgatifs et le quinquina auraient indubitablement exaspéré les accidents,

au lieu de les dissiper ; nous avons vu le contraire.

« M. R. , âgé de trente-deux ans , d'un tempérament bilieux, sujet aux affections bilieuses, fit, le 6 novembre 1816, un excès de table avec quelques amis : dans la nuit, vomissement des aliments, chaleur vive à la peau, sueur, insomnie.

« Deuxième jour, inappétence, brisement des membres, céphalalgie générale, soif vive, constipation, frissons entremêlés de chaleur.

« Troisième jour, céphalalgie, rapportée sur-tout au front et à l'occiput, bouche amère, langue recouverte d'un enduit jaunâtre très-épais, point rouge sur les bords, épigastralgie, envies de vomir ; abdomen souple, un peu douloureux à la pression, pouls fréquent, un peu développé, assez résistant. Dix sangsuës à l'épigastre, limonade adulcorée avec le sirop de groseille, lavement émolient ; dans la nuit vomissement spontané, insomnie, chaleur intense, sueur légère.

« Les quatrième et cinquième jours, mêmes symptômes, même prescription.

« Le sixième jour, le teint de la face est beaucoup plus jaune, la langue est toujours sale,

l'haleine fétide, envies de vomir ; la constipation persiste. (Lavements avec huile de
Ruin : deux onces). Il ne détermine l'évacuation d'aucune matière fécale.

« Le septième jour, mêmes symptômes. Ni-
trate de potasse et d'antimoine, gr. ij , sulfate
de soude, une once ; vomissements abondants
de matières bilieuses ; évacuations de matières
fécales très-dures et très-fétides ; dans la
nuit un peu de sommeil.

« Le huitième jour, la plupart des symptômes ont disparu, langue encore un peu sale,
bouche un peu pâteuse, pouls encore un peu
fréquent, mais chaleur naturelle.

« Le neuvième, convalescence. » (JACQUET,
thèse 1817).

Ici nous voyons une fièvre bilieuse simple,
mais bien caractérisée, compliquée d'une
vive irritation de l'épigastre, résister au régime anti-phlogistique, aux boissons abondantes, à la saignée locale, et ne disparaître
qu'après d'abondantes évacuations déterminées par un éméto-catartique. Évidemment
tous les phénomènes fébriles étaient occasionnés par des matières bilieuses et par l'irritation
sanguine de la muqueuse gastrique ; mais

celle-ci ne nous a pas paru en être la cause exclusive.

Que de faits analogues et mieux dessinés encore ne trouve-t-on pas dans les écrits de Forestier, de Sydenham, de Baglivi, de Van-Swiéten, de Tissot, de Finke et de Stoll, de M. Pinel, etc. , qui prouvent que l'emploi des vomitifs n'est pas aussi pernicieux que le proclame l'auteur de la nouvelle doctrine, et qui renversent tout l'échafaudage systématique de l'exclusive gastro-intérite?

Cette fièvre peut-elle se compliquer? Qui en doute! Non-seulement elle peut l'être de phlegmasies locales, mais encore elle se complique avec les autres fièvres. La fièvre ardente, par exemple, sur le caractère de laquelle les auteurs ne sont pas d'accord, paraît être évidemment une combinaison de l'inflammatoire avec la bilieuse. En comparant les symptômes qui sont le plus généralement indiqués, comme lui étant propres, il paraît qu'il y a réellement combinaison des principes essentiels des deux autres fièvres, c'est-à-dire, de l'irritation idiopatique du système sanguin et de celle des organes digestifs.

Si l'auteur de la nouvelle doctrine eût fait

observer seulement que l'irritation inflammatoire de la muqueuse gastrique simule
quelquefois la fièvre bilieuse, il n'eût avancé
que ce que démontre l'observation ; mais en
prétendant que cette maladie reconnaît toujours pour cause une phlégmasie de cette
membrane, je crois qu'il a émis une opinion
beaucoup trop exclusive.

M. Broussais pense-t-il donc que les fonctions du foie soient étrangères à la fièvre
bilieuse? aurait-il oublié que l'observation
prouve tous les jours qu'il peut y avoir dans
les différents organes des altérations de fonctions sans lésion organique? Les organes
sécréteurs et surtout les glandes, sont ceux
dans lesquels ces altérations sont les plus
fréquentes et les plus remarquables, comme
l'observe justement M. Jacquet, les reins
dans le diabète sucré, offrent-ils des traces
de lésions organiques? et cependant les
urines au lieu de contenir de l'urée four-
nissent beaucoup de matière sucrée. N'a-
t-on pas vu dans quelques passions, les lar-
mes qui, dans l'état ordinaire, rougissent les
couleurs bleues végétales, les verdir un instant après leur influence. Enfin, si nous

voulions accumuler les preuves, les causes prédispondantes et occasionnelles, tels que le tempérament bilieux, ou une constitution sèche et nerveuse, l'âge viril, les passions tristes, mélancoliques, les climats brûlants, un accès de colère, de jalousie, l'embarras gastrique, la négligence d'évacuations habituelles, les aliments indigestes, les travaux forcés pendant les chaleurs brûlantes, etc., qui toutes prédisposent et développent cette espèce de fièvre, ne prouvent-elles pas par leur action sur l'appareil biliaire l'altération de ses fonctions, et que la fièvre bilieuse n'ést pas une simple gastrite ? De même les inflammations dites bilieuses, ces érysipèles symptômatiques qui disparaissent miraculeusement après des vomissements et des évacuations spontanés, ou sollicités par des agens médicamenteux, ne sont-ils pas encore des preuves plus que probables de l'influence stimulante de la bile dans ces différentes affections ? et ne semblent-ils pas indiquer que la matière évacuée était plutôt la cause irritante qu'un simple effet secondaire de la maladie ? Dans cette fièvre, comme dans toutes les autres, on voit que l'auteur de la nouvelle doctrine ne distingue pas assez l'irritation de l'inflammation. Celle-ci, cependant, est ordinairement la suite de l'autre. Une sonde, par exemple, introduite dans la vessie, irrite cet organe ; ôtez la sonde, le calme est à l'instant rétabli. Si, par une irritation prolongée, la sonde avait causé l'inflammation, celle-ci subsisterait même après avoir ôté le corps étranger. Il y a donc, comme l'observe justement M. Jallon (ouvrage cité), dans les tissus enflammés quelque chose de plus que dans les tissus irrités. N'est-ce pas ce qu'on remarque dans les fièvres bilieuses où la surcharge des premières voies commence par irriter la membrane muqueuse de l'estomac et des intestins, avant d'y développer les phénomènes de l'inflammation ? n'est-ce pas cet état primitif qui explique l'effet surprenant des vomitifs dans les embarras gastriques et au commencement des fièvres bilieuses ?

Fièvre Muqueuse.

Nous avons déjà dit, ci-dessus, que les affections variaient suivant la nature des causes et les organes qu'elles affectaient et nous

avons vu en effet que les fièvres inflammatoires et bilieuses avaient aussi leurs organes
d'élections, c'est-à-dire, qu'elles affèctaient
plutôt tel organe que tel autre. Il en est de
même dans la fièvre muqueuse, cette lésion
a aussi ses causes propres, celles de la fièvre
bilieuse et inflammatoire, n'occasionent pas
sur la membrane muqueuse gastrique, le
même désordre pathologique, le même mode
de lésion; ce sont d'autres causes, un autre
mode d'irritation ou d'inflammation propre
à cet ordre de fièvre. Aussi ses symptômes,
sa marche, sa durée, ses crises, son traitement sont-ils bien dissemblables des fiévres
bilieuses et inflammatoires, jusqu'à l'époque
même de son développement. La fièvre inflammatoire, par exemple, se développe plutôt au printemps; la bilieuse en été, la muqueuse à la fin de l'automne et pendant l'hi-
ver, lorsque le temps est humide. Combien
encore les causes prédisposantes et occasionnelles ne sont-elles pas différentes! Le tempérament lymphatique, le sexe féminin, l'enfance, la vieillesse, le sol humide, les lieux
situés au nord et dominés par les montagnes,
les vêtements trop légers pour le froid de la

saison, la vie sédentaire, la nourriture fade, indigeste, les légumes et boissons aqueuses, tièdes sont les causes que vous trouverez encore bien dissemblables de celles des fièvres bilieuses et inflammatoires.

Vous jugerez aisément, si vous les comparez entre elles, qu'elles doivent occasionner des désordres différents, qu'il importe sur-tout pour le traitement de les bien distinguer. Mais une observation en offrira un tableau fidèle, qui mise en parallèle avec celles que nous avons rapportées au sujet des fièvres inflammatoires et bilieuses, nous convaincra mieux que tous les raisonnemens théoriques qu'on pourrait faire.

« Une femme de quarante ans avait éprouvé, pendant une vingtaiue de jours, une diarrhée, d'abord, avec des déjections mêlées de sang, puis de mucosités blanches et dans le commencement un mouvement fébrile le soir, avec ardeur et incontinence d'urine. Le premier jour, nausées et vomissements le matin avec une toux sèche, soif continuelle, dégoût, douleur gravative des extrémités, œdématies autour des malléoles, pouls petit et peu fréquent, langue couverte de mucosités blanches. Le second jour, vomissement des matières muqueuses par l'émétique, diarrhée muqueuse avec douleur abdominale, par l'usage de la rhubarbe associé au mercure doux, au dégoût succède la soif, urine avec un sédiment muqueux et abondant. Le troisième jour, horripilations le soir avec frissons et des alternatives d'une chaleur fugace, excrétion abondante d'urine pendant la nuit, enflure des jambes, éruptions aphteuses dans l'intérieur de la bouche, le pouls fréquent et dur (*potion camphrée*) légère moiteur durant la nuit. Le sixième jour, le ventre, qui s'était gonflé, reprend son premier état, la déglutition des solides est empêchée par les aphtes de l'intérieur de la bouche, douleur comme paralytique des lombes. Le septième jour, éruption plus abondante d'aphtes, avec une sensibilité très-douloureuse de l'intérieur de la bouche, rémission des symptômes, mais rêvasserie très-légère (dose augmentée de la potion camphrée). Le huitième jour plus de calme, rétablissement des forces, toux fréquente avec peu d'excrétion muqueuse, plus de soif et retour de l'appétit.

Le neuvième jour, la toux continue; mais l'œdématie des pieds, la douleur des membres, le gonflement et la dureté du ventre disparaissent; sueur abondante pendant un sommeil tranquille. Le dixième jour, soif vive, pouls petit et souple, le soir, frisson violent, et après quelques heures, chaleur modérée avec céphalalgie, nuit agitée, point de sueur. Le onzième jour, déjections répétées à la suite d'un émétique, appétit, langue humectée, sueur pendant un sommeil tranquille. Le douzième jour, la bouche continue à être douloureuse, les forces se rétablissent, un ver long et vivant est expulsé par le vomissement, ce qui fait cesser les nausées; alternative d'appétit et de dégoût, pouls peu développé sans être fréquent, urine avec un sédiment abondant d'un blanc rougeâtre (continuation de la potion camphrée) la nuit suivante, sueur continuelle et d'une odeur acide. Le treizième jour, bouche moins douloureuse, l'appétit plus régulier, le sommeil plus calme, l'urine comme le jour précédent, la langue encore plus couverte d'un enduit blanchâtre. Le quatorzième jour, les forces s'accroissent et il ne reste qu'un peu de faiblesse aux pieds et de douleurs aux lombes; les aphtes n'ont pas encore disparu. Le quinzième jour, la santé se fortifie, le malade se promène et tout rentre dans l'ordre.

« La bouche est encore dans un meilleur état le lendemain et une légère diarrhée semble entraîner les restes de la maladie. » (Ræderer et Wagler, *Epidémie de Gœttingue.*)

Ici, tous les phénomènes observés pendant le cours de cette fièvre, nous ont dévoilé, non une simple gastrite, mais l'universelle irritation des membranes muqueuses surtout celle de toute la muqueuse gastrique, depuis les lèvres jusqu'à la fin de voies digestives : les nausées, une toux sèche, le vomissement de matières muqueuses, la diarrhée de même nature, l'éjection douloureuse des urines, leur dépôt muqueux, l'éruption aphteuse, la déglutition difficile par la présence des aphtes, le gonflement du ventre et sa sensibilité. Tout ne prouve-t-il pas que les phénomènes fébriles étaient symptômatiques de l'irritation, non-seulement de la muqueuse gastrique, mais encore de toutes les subdivisions du système muqueux. La multiplicité des symptômes qui résultaient de nombreuses surfaces lésés et de leurs nombreuses relations sympatiques, la marche lente, le mode de traitement, la crise, tout ne nous a-t-il pas offert un tableau bien autre qne celui que nous ont présenté les observations des fièvres bilieuses et inflammatoires rapportées ci-dessus?

Qui n'est pas frappé de l'immense différence qu'il y a entre les trois ordres de lésions fébriles? quelle manie d'innovation peut porter à renverser une telle classification? en quoi peut-elle égarer le praticien? est-ce là séparer la maladie de l'organe essentiellement lésé? est-ce admettre que les fièvres sont des êtres, des sylphes qui existent en nous et développent une multitude de phénomènes sans lésions? ne voit-on pas déjà au commencement de ce travail combien il y a de mauvaise foi et d'inconséquence dans les reproches adressés à l'auteur de la nosographie philosophique, en l'accusant de ne pas rapporter les symptômes à des organes lésés? qui avant lui, avait avec tant de persévérance dirigé les recherches sur les maladies fébriles? des six ordres de fièvres primitives qu'il a admis, la plupart sont fondés, comme nous venons de le faire observer sur la lésion de tel appareil d'organe ou de tel systême.

Nous observons bien dans les fièvres inflammatoires, bilieuses et muqueuses, plusieurs symptômes communs, ils tiennent à l'augmentation générale de l'irritabilité, unie fréquemment à une altération quelconque des autres facultés; mais je le repète, chacune d'elles présente tant de phénomènes qui leur sont propres, que l'on voit aisément qu'ils doivent naître d'une autre source, vis-à-vis de laquelle l'effet général n'est le plus souvent que sympatique. C'est à reconnaître exactement cette source que doit se borner la détermination de la nature et du siège de chaque maladie, si l'on ne veut pas se jeter dans le vague des hypothèses.

Nous pourrions rapporter bien d'autres faits semblables, à l'appui de notre opinion, mais la vérité est tellement évidente que nous bornerons là le nombre des faits que nous avons interrogés. Quoique simples, ils suffisent pour prouver que les trois ordres de fièvres que nous venons d'examiner ne sont point d'exclusives gastro-entérites, que chaque ordre a des causes, des phénomènes propres, auxquels on doit opposer des moyens différents, des organes ou des systêmes différents étant lésés, chaque organe ou systême ayant un mode de vitalité qui lui est propre. Le tempérament même fixe les caractères physionomiques qui ont le plus de disposition à telle ou telle fièvre, entraînant tel ou tel mode de lésion.

Corps musclé et fort; embonpoint plus ou moins pléthorique; figure rosée, ouverte; caractère franc et vif; laborieux par saillies, pour la *fièvre inflammatoire.*

Peu d'embonpoint; muscles saillants et plus ou moins agiles; figure d'un rouge tirant sur le brun ou jaunâtre; traits prononcés; cheveux bruns ou noirs; caractère violent, emporté, opiniâtre, vindicatif, dissimulé, pour la *fièvre bilieuse.*

Muscles peu distincts à l'extérieur; embonpoint lâche ou nul; figure blanche et peu colorée; cheveux blonds ou châtains; caractère variable, pour la *fièvre catarrhale gastrique ou muqueuse.*

L'âge, les passions, la nature des aliments, des boissons, l'influence des vêtements, le

4

climat , la température de l'atmosphère, l'hu-
midité , les mœurs , etc., etc., sont autant de
causes qui, en agissant généralement et plutôt sur tel système que sur tel autre , nous
avertissent qu'elles doivent développer des
lésions, non sur un organe exclusivement,
mais sur plusieurs.

Fièvres intermittentes.

Mais nous arrivons à des ordres plus complexes, dont le siège ne nous est pas aussi
évidemment démontré, aux fièvres intermittentes simples ou pernicieuses, aux fièvres
ataxiques ou malignes , etc. C'est ici que les
faits doivent se presser; aussi, seuls ils seront nos guides, comme ils l'ont été dans les
cas précédents , et nous ne nous avancerons
qu'appuyés sur eux.

Nous interrogerons les faits les plus simples, ceux dont les phénomènes frapperont
le plus physiquement possible nos sens, si
je puis m'exprimer ainsi.

Le premier fait que nous rapporterons
sera celui d'une névrose, qui nous prouvera qu'une simple lésion nerveuse peut être
cause primitive ou essentielle de la fièvre,
et que les retours périodiques de certaines

fièvres intermittentes et rémittentes, pourraient plutôt dépendre d'une irritation nerveuse que d'une phlègmasie locale.

Vers la fin de mes études médicales, je fus affecté, pendant deux années, d'une névralgie sus-orbitaire , oecasionnée par des veilles prolongées fort avant dans la nuit, par le mauvais air des hôpitaux et des amphithéâtres de dissection. Chaque accès commençait par une vive douleur du nerf sus-orbitaire, qui bientôt était suivie d'un léger frisson, de douleurs de tête, de pesanteur, de somnolence, de rougeur des yeux, d'une vive sensibilité de ces organes, d'un pouls fréquent et d'une vive chaleur de tout le corps qui insensiblement se terminait par une moiteur universelle. La première année, peu éclairé par l'expérience, plus frappé, comme on l'est aujourd'hui par les phénomènes consécutifs, que par l'irritation première qui perdait de sa violence à mesure que le trouble devenait général, j'accusai alors le sang d'être cause de cette affection, des pédiluves, deux saignées de pied, des boissons rafraîchissantes, sont employées, durant douze jours, mais inutilement, la névrose persévère toujours.

4.

M. Recamier me conseille alors le repos, l'air de la campagne, l'exercice du corps, et en huit ou dix jours, je vis ma névrose disparaître; mais l'année suivante, à la même époque, cette névralgie reparut avec les mêmes caractères. Éclairé par le passé, ayant une année de plus d'expérience en médecine, étant moins pléthorique, je ne me fis point saigner; après deux à trois jours d'une légère limonade, j'eus recours, dès le troisième ou quatrième accès, à un gros de quinquina en poudre dans un quart de verre de vin de Bordeaux; à la troisième prise la névralgie et la fièvre symptomatique disparurent pour toujours; il est vrai que les années suivantes, je ne fus point exposé aux mêmes causes, ayant fait divers voyages en Allemagne et en Italie.

Ici, nul doute que le nerf sus-orbitaire ne fut le siège exclusif et primitif de l'affection; nul doute que la rougeur des yeux, la congestion cérébrale, la fièvre et tous les phénomènes ne fussent symptomatiques de l'irritation du nerf sus-orbitaire, et non symptomatique d'une gastro-entérite. Tous les phénomènes étaient consécutifs à la douleur nerveuse. La rougeur des yeux, la fréquence du pouls, la chaleur générale, le frisson,

ne naissent qu'après elle. Ainsi il n'y a point
à hésiter sur la lésion nerveuse comme cause
primitive, essentielle de tout le trouble observé. Si une inflammation eut été cause de
tous les phénomènes morbifiques, la saignée, les boissons émollientes, les bains de
pied, auraient dû suffire pour m'en délivrer;
le quina, donné la deuxième année, aurait
dû aggraver la phlegmasie, si une telle cause
eut été réelle. Mais, le traitement, les symptômes, l'intermittence, tout a accusé la névrose.

Si j'eusse éprouvé un état de congestion
sanguine aussi intense la seconde année que
la première, quoique je fusse convaincu
alors que ce n'était qu'une névrose, j'aurais
eu recours à une évacuation sanguine pour
assurer le succès du quinquina, et ne pas
m'exposer à une complication phlegmasique.
Car on sait que le quinquina a bien moins
d'efficacité dans un état pléthorique que dans
un état contraire, et qu'il peut occasionner
par son action une lésion phlegmasique locale,
ou une réaction générale sur le système vasculaire sanguin. C'est ainsi que nous voyons
ce puissant fébrifuge, changer quelquefois

une fièvre intermittente en une fièvre continue, développer le plus souvent une phlegmasie gastrique pour être administré trop
brusquement, ou faute d'avoir bien examiné
si quelque lésion locale ne s'y opposait pas.

Dans ce simple fait qui démontre qu'une
irritation nerveuse peut occasionner une
fièvre plus ou moins violente, nous arrivons
successivement à des faits plus complexes,
dont le siège n'est pas aussi facile à découvrir, ni aussi ostensible, nous voulons parler
des fièvres intermittentes, simples ou pernicieuses et ataxiques.

Mais, avant de les rapporter, disons un
mot sur l'intermittence, sur ce phénomène
physiologique, observé dans l'état de santé
et dans celui de maladie. Il pourra répandre
quelque jour sur la question qui nous occupe en ce moment.

L'intermittence constante des névroses,
celle observée dans certaines fièvres, et la
continuité dans les phlegmasies doivent, si
on les interroge, nous éclairer sur le véritable caractère des fièvres intermittentes
simples, ou nerveuses, ou ataxiques, ou pernicieuses, et nous aider à dévoiler le siège

essentiel et primitif de ces lésions fébriles. En effet, la continuité est aussi constante dans les affections inflammatoires que l'intermittence l'est dans les névroses.

« Les inflammations sont en général continues, si elles ont quelquefois le type périodique ou intermittent, cela ne s'observe que très-rarement, et ces dernières sont plutôt secondaires que primitives.» (Nosogr. philosophique.)

Non-seulement l'intermittence d'action s'observe dans l'état pathologique du système nerveux, mais encore dans l'état de santé. Tout le système nerveux, par exemple, de la vie animale nous offre une intermittence non interrompue. Le cerveau, les différents sens, l'appareil locomoteur, comme tous les organes qui se trouvent soumis à l'empire de la volonté ne peuvent être dans une action continuelle, l'intermittence appelé sommeil ou repos, marque cette loi immuable de la nature. Nous pouvons bien par l'empire de l'habitude, par des stimulants variés, la suspendre, abréger la durée de cette intermittence, mais jamais nous y soustraire entièrement. «Épuisé par une veille prolongée, dit Bichat, le soldat dort à côté du canon, l'esclave sous les verges qui le frappent, le criminel au milieu des tourments de la question. »

Au contraire, si vous examinez l'action des organes de la vie organique, assimilatrice, vous verrez qu'elle est continuelle, ou du moins qu'elle n'offre que de légères rémittences ; tels sont le cœur, les poumons, le foie, les reins, les vaisseaux lymphatiques, etc. On sent d'ailleurs combien la suspension de leurs importantes fonctions, soumise à notre volonté, aurait pu occasionner de désordre jusqu'à produire la mort.

Puisque l'intermittence est un phénomène propre au systême nerveux, et que nous l'observons dans l'état de santé comme dans celui de maladie, cette intermittence s'observant dans certaines lésions fébriles; ne pourrait-on pas considérer ces troubles fébriles comme produits par l'irritation du systême nerveux? Parcourez la nombreuse série des névroses, vous les observerez presque toutes intermittentes. Au contraire, les phlegmasies ne nous offriront que continuité, à peine quelques légères rémissions se feront remarquer

pendant leur cours. Avons-nous jamais vu,
par exemple, la rougeole, la variole, la
scarlatine, la pérétonite, etc., etc., être périodiques, disparaître aujourd'hui pour se
reproduire demain, ou après, ou dans huit
jours, comme les névroses vous en offrent
constamment des exemples et les fièvres intermittentes.

Certaines phlegmasies, il est vrai, arrivées
à l'état chronique, ayant occasionné une
désorganisation de l'organe enflammé, nous
offrent bien une espèce d'intermittence;
mais dans ce cas, l'intermittence n'est pas
aussi complète que dans les névroses, ou
dans les fièvres intermittentes sans complication phlegmasique, l'altération ne cesse de
dévoiler son existence. Un état fébrile appelé
fièvre lente hectique plus ou moins manifeste s'observe le plus souvent, tandis qu'il
y a apyréxie complette dans l'intervalle qui
sépare les accès d'une fièvre intermittente
ou d'une névrose. Dans la plupart des cas,
l'apyrexie diffère peu, ou ne diffère point de
l'état de santé.

On pourrait, dans ces lésions profondes
des poumons, portées jusqu'à la désorgani-

sation, considérer les phénomènes fébriles continues, comme l'expression de l'état phlegmasique, et les redoublements, et l'espèce d'intermittence comme celle de la lésion nerveuse du poumon.

« Nous avons parcouru, dit M. Briche-
« teau (Dict. des Sciences méd. article *inter-*
« *mittence*), l'ouvrage de *Médicus* sur les
« maladies périodiques sans fièvres dans l'in-
« tention de voir combien il offrait d'excep-
« tions à la règle générale, que les inflam-
« tions sont en général continues. Eh bien !
« parmi le grand nombre d'exemples rap-
« portés par ce médecin, nous n'avons trouvé
« qu'une ophthalmie périodique. » On remarque bien encore quelques rhumatismes intermittents; mais lorsqu'ils ont ce type, on ne voit aucun gonflement, aucun signe d'inflammation, aucune rougeur, le principe rhumatismal semble irriter exclusivement les nerfs du membre qui sont affectés par la cause rhumatismale, comme nous l'observons dans les sciatiques.

On remarque encore des hémorragies intermittentes, mais une hémorragie ne dépend pas toujours de l'irritation du système vas-

culaire d'un organe. Ne se reproduisent-
elles pas souvent sous l'influence d'une irritation nerveuse, de causes morales et de
l'habitude ? Lordat, qui s'est beaucoup occupé de la recherche des causes des hémorragies intermittentes, pense que l'intermittence est provoquée par des impressions et
même par des sensations internes.

Suivant M. Broussais, ce type intermittent
est dans la nature, et chaque accès qui sépare l'intermittence d'action maladive est le
produit d'une congestion sanguine vers un
viscère irrité. M. Monfalcon, partisan dévoué
de la nouvelle doctrine, ne voit là que les
phénomènes d'une inflammation, d'autant
plus que les névroses elles-mêmes, ne sont
aussi que des inflammations. « Plusieurs phy-
siologistes, dit-il, ont fait des névralgies un
genre de névrose un peu vague ; aujour-
d'hui la place naturelle des névralgies dans
un cadre nosologique est parmi les phlègmasies, elle l'occuperont un jour et le conser-
veront. » Voila sa prédiction ; passons outre.

Les causes semblent répandre aussi quelques
lumières sur cette question. Les intermittentes
simples ou pernicieuses, se déclarent à la suite

de l'impression de miasmes subtils qui semblent affecter particulièrement le système nerveux, tels que ceux qui s'émanent des marais, des lieux dont l'air est vicié par un grand rassemblement d'hommes; quelquefois on voit aussi ces fièvres survenir à la suite d'affections morales vives, de quelque commotion nerveuse. J'ai connu un jeune homme de treize à quatorze ans qui fut atteint, suite de frayeur, pendant trois à quatre mois, d'une fièvre intermittente tierce, après avoir failli se noyer dans la Loire où il se baignait, le quinquina seul put l'en délivrer.

Il est encore d'autres points de similitude entre les névroses et les fièvres intermittentes, ce sont ces anomalies variées, ces transitions brusques qui surviennent en quelques heures, qui peuvent conduire en peu de temps les malades de la vie à la mort, ou du plus grand danger à la santé.

Une femme, dit Werlof, âgée de cinquante ans, avait été dans la rue au-devant de lui, pour lui demander s'il ne viendrait pas la voir le jour d'après, parce qu'elle attendait son troisième paroxisme; il eut effectivement lieu, mais les accidents furent si graves qu'elle succomba.

Vous en voyez d'autres au contraire arra·chés à la mort par la vertu de quelques gros de quinquina.

Je me rappellerai toujours l'histoire d'un jeune hongrois d'Altenbourg atteint d'une fièvre intermittente pernicieuse, au deuxième accès, son corps mourant avait répandu l'effroi dans toute sa famille, une intermittence de quelques heures permet de lui administrer du quinquina , l'accès suivant est à peine sensible, et quatre jours après il est rendu à la santé et à ses affaires. Sont-ce là des gastro-entérites? Remarque-t-on les mêmes phénomènes, ces changements instantanés dans les phlegmasies déclarées, leur marche n'est-elle pas plus lente, plus suivie.

Enfin ce qui les rapproche encore plus des névroses est le mode de traitement propre à les combattre les unes comme les autres, avec les toniques, les anti-spasmodiques et le quinquina sur-tout, à moins qu'il n'y ait des complications phlègmasiques ; car dans ces cas, je veux dire dans les névroses comme dans les fièvres intermittentes, vous exaspérez les accidents. Mais revenons à l'analyse des faits.

. *Lautter* (1) rapporte qu'un ouvrier de Luxembourg, âgé de trente ans, d'un tempérament sec, étant occupé à battre le blé, fut saisi d'abord d'un frisson, ensuite d'un froid violent, auquel succédèrent une courte chaleur et une soif intense. Le symptôme principal était une douleur excessive au côté gauche, qui gênait considérablement la respiration. Forcé d'abandonner son travail il alla se mettre dans son lit; la fièvre persista à-peu-près dix-huit heures dans le même état, et il y eut une rémission sensible; le surlendemain le malade se trouva mieux encore. Quoiqu'il fut uu peu faible, que le point de côté persévérât, et qu'il resta sans doute un peu de fièvre, il se remit à l'ouvrage; mais vers le soir tous les accidents reparurent, il regagna sa maison et son lit. *Lautter* fut appelé, il trouva le malade avec une fièvre très-considérable; le pouls était dur, la respiration était douloureuse, pénible et presque éteinte, le point de côté très-aigu; il n'y avait ni toux, ni efforts pour la provoquer. D'après l'histoire de la maladie,

---

. (1) *Histor. medic. bienn. morb. rural. etc.*, *casus* v *et* vi.

le médecin reconnut aussitôt une fièvre intermittente pernicieuse, marquée par le symptôme qui prédomine dans la pleurésie. Ne
pouvant de suite attaquer de front cette
fièvre, parce que l'exacerbation était alors
à son plus haut degré de vigueur ; il s'occupa
de tempérer la violence des accidents ; il fit
tirer du bras du côté affecté, dix onces de
sang qui se couvrait de la croûte phlogistique ; il fit appliquer sur la partie douloureuse un cataplasme émollient qu'on avait
soin de renouveler. Intérieurement, il administra une décoction d'orge avec l'oxymel
simple et le nitre, etc. Le malade fut soulagé, la respiration devint plus facile, le
point de côté diminua ; la nuit cependant se
passa dans l'insomnie avec une chaleur et
une soif excessives.

« Le jour suivant, le pouls eut à la vérité
moins de fréquence ; il y eut toutefois beaucoup de fièvre ; la douleur de côté persista ;
l'urine très-rouge déposa un sédiment bri-
queté ; les symptômes étaient très-adoucis,
mais comme ils n'avaient pas cessé, on continua l'usage des remèdes précédents. Le soir,
le malade retomba totalement dans son pré-

mier état; le lendemain au matin il n'y avait encore aucun changement notable, excepté que la douleur aiguë du côté droit disparut pour un instant, mais elle ne tarda pas à reprendre son siège ; l'urine n'avait pas changé depuis la veille, la peau était toujours froide, etc. Lautter reconnut bientôt le caractère pernicieux de la fièvre; il profita de la rémission pour administrer une once de quinquina dans l'espace de vingt-quatre heures, le redoublement qui suivit fut très-modéré; et en continuant d'administrer la même substance, le malade fut radicalement guéri.

« Si une telle fièvre eut été exclusivement symptomatique d'une inflammation , si elle eut eu pour cause une pleurésie ou une péripneumonie, la saignée, les anti-phlogistiques auraient dû suffire pour la combattre, comme nous l'observons chaque jour dans ces sortes de lésions, mais il y avait là évidemment une autre cause fébrile, un autre mode de lésion, contre laquelle les anti-phlogistiques furent impuissants. Quelle était donc la cause de cette fièvre, ou quel était l'organe ou le système plus particulièrement lésés? Nous avons déjà vu que l'expérience repousse la supposition d'une phlegmasie? est-ce sur le système nerveux que la cause agissait? est-ce lui qu'on devrait plus particulièrement soupçonner d'être lésé? l'efficacité du quinquina dans les névroses surtout intermittentes, son impuissance dans les phlegmasies mêmes, son action nuisible dans le plus grand nombre des cas, comme nous le verrons par la suite, nous porte à le croire. Il en a été de même ici que dans la névralgie sus-orbitaire que j'ai rapportée, qui a résisté aux saignées et à tous les anti-phlogistiques, ils ont bien pallié les accidents consécutifs, la coloration de la face, la congestion cérébrale, mais ils ont été sans résultats contre la névralgie, la cause première de tous les accidents. Le régime anti-spasmodique la premiere année, le quinquina la seconde, ont pu seuls vaincre cette lésion nerveuse. De même, dans l'observation que *Lautter* nous fournit, la saignée ne fait que diminuer la douleur pleurétique, le quinquina seul a pu vaincre les accidents fébriles. Analysez toutes les nombreuses observations rapportées dans le précieux traité des fièvres intermittentes de M. Alibert, constamment vous observerez les mê-

mes symptômes et les mêmes résultats thérapeutiques.

Les désignations de ces fièvres faites par
les auteurs sous les noms de fièvres intermittentes,

Pernicieuse chlorique.
— épatique.
— cardialgique.
— algide.
— soporeuse.
— pleurétique.
— péripneumonique.
— rhumatismale.
— néphrétique.
— céphalique. etc., etc.,

ne prouvent pas que toutes ces fièvres soient
symptômatiques d'une lésion phlegmasique,
dont le siège soit dans le système vasculaire
sanguin de nos organes ; mais elles nous pei-
gnent des complications, des lésions symptômatiques d'une autre plus grave et primitive que nous pourrions appeler essentielle et
que ces complications ne doivent pas nous
faire perdre de vue : celle-ci ne cédant, le plus
souvent, qu'après avoir été combattue par le
quinquina.

Cent cinquante observations consignées dans le traité de M. Alibert, appuyent ce que j'avance ici. Ce sont toutes ces complications que l'auteur et les partisans de la nouvelle doctrine, regardent comme cause exclusive de tous les phénomènes fébriles ; selon eux, ces phénomènes ne sont que symptômatiques, et la preuve serait qu'on a trouvé, chez des malades, morts de fièvres intermittentes tantôt des phlogoses gastriques, tantôt des traces de phlegmasies pulmonaires, épatiques, etc. Ainsi sont confondus les causes et les effets par les systématiques.

Nous allons rapporter un autre fait de fièvre intermittente, non compliqué de phlegmasie locale, mais de spasme de la gorge, appelée hydrophobique qui également n'a cédé qu'au quinquina.

« Un individu, âgé de quarante ans, d'une « constitution nerveuse, mélancolique, très- « irritable, d'un caractère emporté, d'une « habitude de corps maigre et sèche, s'endort, « au mois d'août, sur un terrain humide ; à « son réveil, éblouissement et vertiges, cé- « phalalgie atroce, anxiétés universelles, fris- « son vers le soir. Le lendemain 27, violente

« douleur de tête, vomissement de matières
« verdâtres.

« Le 28 au soir, nouveau frisson, chaleur
« intense, soif vive, déglutition difficile, dé-
« lire peu prononcé, dès-lors boissons émul-
« sionnées.

« Le 29 M. Dumas trouva le malade dans
« un état d'apyrexie : il n'y avait plus qu'un
« état d'abattement et de somnolence, une
« sorte de gêne dans les muscles du cou. Le
« soir, pouls irrégulier, chaleur fébrile qui
« n'est ni précédée de frisson, ni suivie de
« sueur. Mêmes moyens.

« Le 30, chaleur violente, fureur mania-
« que, agitation convulsive des lèvres et des
« muscles du col, gêne extrême de la déglu-
« tition; resserrement et spasme du gosier,
« augmenté par l'impression des liquides,
« langue aride, noire dans son milieu, rouge
« sur ses bords, prolongement de l'accès avant
« dans la nuit. Emulsions camphrées, fomen-
« tations aux jambes avec des linges trem-
« pés dans du vinaigre, applications de sang-
« sues aux malléoles internes.

« Le 1ᵉʳ septembre, un état calme succède
« à ces phénomènes sinistres. Le malade avait

« toujours de l'aversion pour les liquides et
« les avalait avec difficulté.

« Mais le 2, convulsions universelles dans
« les membres, soubressauts des tendons,
« muscles abdominaux violemment contrac-
« tés, déglutition empêchée, aliénation fu-
« rieuse, efforts extrêmes pour mordre, bou-
« che écumante; lié, il s'agite, grince des
« dents, lance de la salive, horreur plus grande
« pour toute boisson. Un peu d'eau fraîche
« qui lui fait éprouver un frémissement uni-
« versel, l'accès diminue insensiblement, quel-
« ques gouttes de liquides passent avec des
« angoisses. Application de deux sangsues à
« chaque malléole, synapisme, pilules com-
« posées avec le nitre, le camphre, la valé-
« riane et l'opium; enfin, affaiblissement pro-
« gressif des phénomènes fébriles.

« Le 3 septembre, il y eut une rémission
« qui ne permit pas de douter du caractère
« de la fièvre intermittente. Il y avait néan-
« moins dans cet état d'apyrexie, un trouble,
« une irrégularité dans les idées, et une pro-
« stration de forces considérables; quinquina,
« potion composée de liqueur anodyne d'Hoff-
« man, de laudanum.

« Le 4, même violence dans les accès, mais
« le paroxisme ne fut pas d'une aussi longue
« durée.

« Le 5, même dose de quinquina que le 3. Il
« y avait d'ailleurs une apyrexie sans malaise
« et sans faiblesse.

« Le 6, début de l'accès par un coma pro-
« fond, phénomène qui fut suivi du délire
« et de tous les symptômes ordinaires de la
« fièvre, mais avec moins d'intensité, le pa-
« roxisme ne dura que quatre à cinq heures.

« Le 7, le malade fut assez tranquille. Le
« quinquina fut dès-lors administré dans une
« proportion moindre ; cependant l'accès ar-
« riva, mais il fut moindre quoique tous les
« phénomènes fébriles ataxiques survinssent,
« il y avait toujours horreur pour les liquides.

« On profita le 8, de l'intermission pour re-
« venir au quinquina qu'on donna alors à
« la dose d'une once et demie, distribué de
« manière que le malade en prenait un gros
« toutes les heures.

« Le 9, le paroxisme se réduisit à un léger
« mouvement fébrile, l'accès qui fut très-mo-
« déré en comparaison des précédents, fut
« suivi de quelques sueurs et d'un sommeil
« tranquille.

« Enfin, le 10, abattement, somnolence,
« soif extrême, peu d'appétit pour les aliments
« solides. M. Dumas fit administrer encore
« du quinquina, mais il en diminua les doses
« et les sépara par de longs intervalles. Les
« jours qui suivirent, le malade entra en pleine
« convalescence, qui fut confirmée par l'usage
« quelque temps continué de l'écorce du
« Pérou (Alib. *Fièvres pernicieuses*. pag. 82.). »

Ce fait, comme tous ceux consignés dans l'ouvrage où nous le puisons, ne nous révèle pas encore que cette fièvre soit symptômatique d'une phlègmasie locale. La constitution nerveuse, mélancolique, très-irritable du sujet, n'a pas déterminé, chez ce malade, de complication phlègmasique, comme on le remarque chez les sujets sanguins, mais le spasme s'est concentré plus particulièrement dans une région, et a développé un ensemble de phénomènes qui ont porté les médecins à qualifier cette variété de fièvre intermittente hydrophobique, à cause de l'horreur que le malade avait pour les liquides.

Cette observation de fièvre intermittente, comme toutes celles que nous possédons, offrant un phénomène aussi remarquable que constant, c'est que dans ce trouble nerveux intermittent, une région du corps se trouve toujours plus particulièrement lésée, que des accidents consécutifs en sont toujours les résultats, et que leur caractère comme leur gravité varient suivant qu'elle se déclare sur tel ou tel organe. Si elle a lieu sur un organe parenchimateux, elle peut en occasionner la congestion et même y développer une phleg-masie ; si par exemple elle se porte sur les poumons ou sur la plèvre, sur le foie, sur le cerveau, elle pourra développer ou une congestion, ou une inflammation, comme l'a prouvé l'observation de *Lautter*, et la névralgie susorbitaire que nous avons citée, qui a occasionné la congestion du cerveau. Si, au contraire, elle se concentre sur des organes moins susceptibles d'inflammation, elle occasionnera des symptômes nerveux graves, comme le dernier fait de fièvre intermittente hydrophobique que nous venons de rapporter, nous en offre un exemple, comme l'attestent les variétés appelées dispnéiques, convulsives, épileptiques, syncopales, etc.

Dans cette observation de fièvre intermittente hydrophobique, nous avons vu les anti-phlogistiques, les sang-sues appliquées aux jambes être sans résultats. Au contraire, les anti-spasmodiques et le quinquina sur-tout, vaincre seuls tous les accidents effrayants, et rendre le moribond à la santé.

Quant une fièvre est exclusivement symptômatique d'une inflammation, ou compliquée d'une phlegmasie locale de la muqueuse gastrique sur-tout, combien ces toniques, ces anti-fébriles ne sont-ils pas funestes, et au contraire, avec quelle facilité les sang-suës, les anti-phlogistiques ne détruisent-ils pas les accidents! Mais comme nous avons pris l'engagement de tout prouver par des faits, invoquons toujours leur puissante autorité.

Celui que nons allons rapporter est d'une fièvre intermittente qui devint continue, de quarte qu'elle était, à la suite de l'administration du quinquina, qu'une phlogose de la muqueuse gastrique contr'indiquait. Ce fait prouvera deux choses bien importantes en médecine-pratique.

1° Que les lésions phlegmasiques sont toujours continues, 2° que le quinquina, dans ces complications phlegmasiques de la muqueuse gastrique sur-tout, loin de détruire la fièvre, l'exaspère et change le type intermittent en celui de continue. Mais voyons ce fait.

« XXIIIe OBSERVATION , TIRÉE DES PHLÈGMASIES CHRONIQUES DE M. BROUSSAIS.

Fièvre intermittente changée en continue avec phlogose de la poitrine et du bas-ventre. »

« Le nommé Tarien, âgé de trente-quatre à trente-cinq ans, large, musculeux, brun et très-robuste, fut attaqué, vers le 25 juillet 1806, à Udine, d'une fièvre quarte qu'il garda treize jours avant d'entrer à l'hôpital. Des symptômes gastriques me déterminèrent à prescrire un vomitif, ensuite je donnai quelques bois-sons amères, et, comme la fièvre résistait, quelques gros de quinquina en poudre. Au bout de deux ou trois accès, la fièvre devint tierce, je voulus doubler la dose du fébri-fuge ; la médiocrité de la réaction qui n'était nullement proportionnée à la force du sujet m'y encourageait.

« Le jour suivant, la fièvre était quotidienne et sans que le quinquina fut continué, les accès s'allongèrent et joignirent le cercle des vingt-quatre heures, vers le vingt-neuvième jour de la maladie.

« Depuis cette époque jusqu'au quarante-deuxième jour, pouls fort et développé; chaleur, innapétence, mais langue nette et humide, soif modérée, point de nausées, régularité frappante de toutes les excrétions : le malade pâlissait et perdait de son embonpoint.

« Ce mouvement fébrile ne ressemblait à aucune continue de nos nosologistes, il était donc symptômatique, d'une irritation locale. Je le sentais, mais quel organe accuser? le défaut d'appétit ne me paraissait pas suffisant pour indiquer une phlogose gastrique. Le malade s'affaiblissait, je crus devoir rendre ses boissons un peu stimulantes; je lui faisais prendre soit des solutions de gomme arabique aromatisée, soit de l'eau d'orge oxymellée et quelques cuillerées de vin sucré. Les excitans plus forts que j'avais voulu tenter, m'avaient paru nuisibles.

« Du quarante-deux au cinquante-six, la pyrexie diminua plusieurs fois, mais ne cessa pas entièrement, je remarquai que ces variations correspondaient aux alimens : quand

je donnais plus que la soupe ou la bouillie,
le mouvement fébrile se ranimait. Ainsi les
aliments, pris au-delà d'une certaiue proportion, et sans doute mal digérés, se changeaient
aussi bien que tous les médicaments toniques
en un stimulus très-importun pour le tube
digestif, et cette douleur excitait la fièvre
tant que le malade avait assez de force et de
fluides pour en être susceptible. Mais la muqueuse du colon, perdant enfin le reste de
son énergie, se phlogosa sous l'influence de
ces irritations continuelles, ce qui fut marqué par la diarrhée qui se déclara le cinquante-
sixième jour. En même-temps aussi s'accrut
la pyrexie, mais sous le seul rapport de la
fréquence du pouls, car il n'y avait plus assez de matériaux pour qu'il reprit son ancienne consistance.

« Dès-lors, progrés effrayans de la phlegmasie du colon, tenesme violent, selles san-
guinolentes et copieuses : la vivacité de la
circulation et la chaleur de la peau cédèrent
au bout de trois à quatre jours aux effets de
leur propre cause ; car bientôt exténuation
rapide de tous les tissus, collapsus universel,
pouls petit et lent, peau glaciale.

« Tarien succomba le 60ᵉ jour. A l'ouverture, induration de la moitié du poumon
gauche; la muqueuse gastrique d'un rouge-
clair, mais fort épaisse ; les intestins phlogosés et sphacelés par places.

On voit que lorsqu'il y a des complications
elles ont leurs symptômes, que le quinquina
dans ces cas de lésions phlégmasiques, exaspère les accidents, et que la fièvre reprend
le type phlegmasique, je veux dire, le type
continu, qu'alors la fièvre devient symptômatique d'une phlegmasie.

Des symptômes gastriques me déterminèrent,
dit-il, *à prescrire un vomitif, ensuite je donnai quelque boissons amères, et, comme la
fièvre résistait, quelques gros de quinquina en
poudre. Au bout de deux ou trois accès, la
fièvre devint tierce, je voulus doubler la dose
du fébrifuge, le jour suivant, la fièvre était
quotidienne.* Enfin, elle devient continue, Observez ici la gradation. A mesure qu'un traitement vicieux exaspère les accidents phlegmasiques elle se rapproche graduellement du
type de continuité. Nous sommes donc portés à conclure de ce fait, comme de beaucoup

d'autres semblables, que lorsqu'il y a une complication phlegmasique de la muqueuse gastrique, ou d'un autre viscère, le quinquina est impuissant, qu'il exaspère même les accidents, rapproche les accès jusqu'au type continu. Ainsi, lorsque ce fébrifuge est nuisible ou sans action, vous devez être sur vos gardes, interroger tous les organes, soupçonner qu'une complication peut être cause de la résistance que vous éprouvez. On s'apercevra aisément de la nature de l'une ou de l'autre de ces lésions, de son degré ou de l'organe affecté, suivant son degré de sensibilité. Par exemple, si c'est un état de phlogose de la muqueuse gastrique, le quinquina l'exaspèrera promptement, elle deviendra continue et des symptômes très-bien dessinées l'annonceront. Si au contraire la fièvre dépend d'un engorgement au foie ou à la rate, elle conserve le plus ordinairement son type, ces organes étant moins irritables, et si toutefois les engorgements sont chroniques, le quinquina, dis-je, dans ces cas, exaspère beaucoup moins que dans les phlegmasies gastriques.

C'est ainsi que nous voyons des fièvres intermittentes, durer cinq à six mois, un an, avec le même type, malgré l'emploi de tous les fébrifuges. Dernièrement, je fus appelé pour donner des soins à un jeune homme de quatorze ans, atteint, depuis cinq mois, d'une fièvre intermittente tierce; en vain l'on avait employé le quinquina; consulté, je reconnus la cause de la résistance qu'on éprouvait, dans un engorgement très-considérable de la rate. J'appliquai sur tout le côté gauche un emplâtre de *vigo cum mercurio* et de *ciguë*, je donnai des pilules composées d'un grain de *calomelas*, de deux d'*extrait de quinquina*, et d'un dixième de grain d'*extr. aq. d'opium*. Après six-semaines de ce régime, la fièvre intermittente disparut avec l'engorgement de la rate.

Un autre malade, M. L., habitant la Bretagne, gardait une fièvre intermittente depuis quatre à cinq mois, et qui paraissait être entretenue par un engorgement au foie, en vain il avait pris le quinquina; il vient à Paris. Soit la secousse du voyage, soit le changement de climat, soit un breuvage fait avec une infusion de café, et le jus d'un fort citron, dix jours après son arrivée la fièvre disparut.

Morgagni nous cite des observations de

semblables engorgements dans le cours des fièvres intermittentes, qui ont conduit les malades au tombeau. Concluerons-nous de ces faits que les fièvres intermittentes sont toutes symptômatiques d'une phlogose de la muqueuse gastrique, comme le pense l'auteur de la nouvelle doctrine, ou symptômatiques d'un autre mode de lésion, d'un engorgement au foie, à la rate, aux poumons, etc., etc.? Je ne le pense pas, nous ne voyons là que des complications et rien de plus.

Si des lésions phlegmasiques locales des viscères, ou un engorgement ou altération organique en étaient les causes les plus constantes, le plus constamment aussi le quinquina exaspèrerait les accidents, et nous savons le contraire, non, d'après des *suppositions*, mais d'après l'*expérience*, comme M. Broussais va le prouver lui-même.

« Quoiqu'ayant pratiqué une année dans la Belgique et dans la Hollande, je n'ai pu y voir, comme je l'aurais désiré, la complication des affections gastriques inflammatoires, avec la fièvre intermittente. J'en ai cependant rencontré un exemple frappant et démontré par l'autopsie, pendant trois mois,(remarquez, lecteurs, *un seul exemple pendant trois mois que j'ai concouru*, dit-il, *au traitement de l'épidémie de Bruges, en l'an XIII. (Voy. Hist. de Moissinot*, tom. r, obs. r3.)

« Transporté, en germinal an XIII, de Bruges à Nimègue, pays sain et peu marécageux, je n'y rencontrai guère que des intermittentes simples qui d'ailleurs existant chez des sujets non épuisés par la fatigue, se montraient rarement rebelles et cédaient aux amers ou à une légère dose de quinquina, avec une facilité bien satisfaisante pour le médecin.

« Pendant un printemps je ne trouvai que *trois fièvres rebelles au quinquina ;* deux cédèrent aux potions adoucissantes et légèrement animées ; dans la troisième, la sensibilité de l'estomac me repoussa de degré en degré jusqu'aux simples mucilagineux, pendant l'usage desquels la maladie se dissipa fort heureusement. Mais jusque-là point d'autopsie.

« A Vourden où je recevais les malades du camp de Zeist, dans la saison la plus chaude de l'année, même facilité pour la cure des fièvres *intermittentes.* »

Et c'est après des résultats pratiques aussi constants que l'on prétend aujourd'hui que toutes les fièvres sont symptômatiques d'une inflammation de la muqueuse gastrique ; que l'on nous affirme que sans l'irritation phlègmasique de celle-ci, il ne peut y avoir de fièvre. Une membrane sur laquelle on applique les stimulants les plus actifs, le quinquina en poudre et délayé ou infusé dans des vins généreux, peut-elle être enflammée ? et l'auteur d'une telle théorie s'irrite qu'on en doute encore, lorsque lui-même prouve par des faits nombreux, que la présence de la plus légère phlogose est exaspérée par les stimulants et par le quinquina, qui, loin de detruire la fièvre, l'aggravent, changent le type intermittent en type de continu.

Mais laissons-le encore se condamner lui-même; « au milieu de ces succès, nous dit-il, dans le même article, page 130, survinrent coup sur coup deux revers, (*deux revers seulement*), qui m'obligèrent d'étudier plus particulièrement les sujets auxquels je me proposais d'administrer ce médicament héroïque.

« Un malade qui pourtant ne laissait apercevoir aucun des signes qu'on appelle pléthore, était affecté d'une tierce dont les accès étaient assez intenses; à la première dose de quinquina, la fièvre devint quotidienne, à la seconde, elle se déclara continue.

« Un second passa, dès la première prise du remède, de la quotidienne à la continue. Le premier n'ayant pu être sauvé, malgré l'emploi des adoucissants auxquels la sensibilité de son estomac m'avait enfin réduit, son cadavre m'offrit une double inflammation des poumons et de l'estomac. Le second, plus heureux, guérit par la limonade et autres moyens relâchants. »

Ces derniers faits nous prouvent encore que le quinquina, loin de couper la fièvre phlègmasique, l'exaspère. Donc les fièvres intermittentes ne sont point constamment symptômatiques d'une phlogose de la muqueuse, ni d'une altération organique, puisque dans ces cas le quinquina exaspère les accidents, ou s'il ne les aggrave pas, il est impuissant, comme le prouvent les faits rapportés. On dira peut-être que je me répète; mais je n'y saurais que faire? Ce mal ne peut s'éviter lorsqu'on a souvent à faire sortir un même principe de faits divers.

D'après ces résultats pratiques, nous voyons encore que ces complications ne sont pas très-fréquentes, et que, sur plusieurs centaines de malades, le docteur Broussais en a trouvé à peine quelques-uns qui pussent lui offrir ces complications.

On nous dira, il est vrai, que c'est une phlègmasie intermittente; que le quinquina n'a d'action anti-fébrile que dans l'intermittence, lors de l'absence de la phlogose. Mais pense-t-on qu'une phlogose assez intense pour tuer un malade en quelques jours, comme dans les intermittentes pernicieuses, puisse disparaître après dix-huit ou vingt-quatre heures d'existence pour reprendre successivement avec la même violence? L'expérience dément une telle supposition; ce que nous avons de positif sur l'intermittence physiologique, ou pathologique s'élève encore contre une telle théorie. Les phlègmasies extérieures dont la nature est certaine, évidente, inévitable, nous ont-elles jamais offert une telle intermittence dans leur cours? et elles sont assez nombreuses et assez fréquentes pour que chacun de nous les ait observées.

Pourquoi, me demandera-t-on, donnez-vous plutôt le quinquina dans l'intermittence que dans le milieu de l'accès ou à sa naissance? c'est que l'expérience ou l'empirisme, si vous voulez, nous a appris qu'il avait plus d'action anti-fébrile à cette époque, que pris au milieu de l'accès, lorsqu'il y a une réaction sur tous les systêmes, principalement sur le vasculaire qui est voisin de l'état inflamma-toire; le quinquina, donné à cette période de trouble et d'irritation générale, pourrait trop stimuler, prolonger l'accès et dévelop-per quelque complication phlègmasique. Telles sont les raisons qui portent à préférer l'in-termission, et non parce qu'une phlègmasie de la muqueuse gastrique a disparu pour plus ou moins de temps.

D'après les symptômes de presque tous les exemples que nous venons de rapporter, on ne voit point qu'une phlègmasie locale en soit le principe, et l'absence de certains symptômes indique au contraire que ce n'en est pas une. Par le traitement, du moins d'un grand nombre, on voit que s'il y avait primitivement une phlègmasie, les amers, le quinquina qui gué-rissent, j'en appelle à l'expérience, aggrave-raient le désordre le plus constamment, et sans exagération, des milliers de faits attes-tent le contraire.

Ces fièvres peuvent-elles se compliquer d'une irritation locale? oui, sans doute. Une phlègmasie de la muqueuse gastrique peut la compliquer comme celle de beaucoup d'autres viscères; mais, je le répète, on observe alors les symptômes de la phlègmasie; autrement, comment la reconnaîtrait-on? au moyen d'un système et de quelques hypothèses?

Quelquefois le type intermittent existe avec une légère phlogose de la muqueuse gastrique ou celle d'autres viscères; et l'on voit le quinquina administré, couper la fièvre intermittente et la phlogose persévérer au même degré. Si donc une inflammation locale était la cause de la fièvre intermittente, la phlogose devrait disparaître avec cette fièvre. Des faits vont prouver le contraire. Le premier que nous rapporterons nous offrira une fièvre intermittente tierce, avec gastrite chronique, traitée par des toniques qui dissipent d'abord les symptômes ataxiques. La fièvre se reproduisant on l'ordonne de nouveau; mais il est repoussé et aggrave les complications. Voici le fait.

« Certot, âgé de vingt-deux ans, taille moyenne, structure peu régulière, muscles

peu développés, santé faible, fut saisi de fièvre tierce, le 19 juin 1807, il entra à l'hôpital d'Udine, le lendemain. A l'altération des
traits, à la singulière décoloration de la peau
qui offrait un mélange de pâleur, de lividité
et de jaune citron très-désagréable à l'œil, je
jugeai que cette maladie serait extrêmement
rebelle. J'en accusais secrètement une atteinte
profonde portée aux organes qui jouent le
principal rôle dans l'assimilation. L'excès de
l'anaroxie, sans aucun signe de saburre, sans
rots, sans borborygmes, me fit croire que
l'estomac était un des plus altérés. Cependant le caractère ataxique des accès ne me
permit pas de différer l'emploi du quinquina,
qui dissipa, en effet, assez facilement la fièvre, mais le teint, les forces et l'appétit n'y
gagnèrent rien. J'eus recours aux doux toniques, combinés avec les adoucissants, et au
régime végétal féculent. La convalescence ne
se confirmait point.

« Après sept à huit jours de cet état, la fièvre
reparut ; de cette fois le quinquina en substance fut repoussé par l'estomac, et sa présence accrut le malaise et l'anorexie ; la décoction de cette écorce gommée et émul-

sïonnée, fut mieux accueillie, et supprima les accès en deux ou trois jours.

« Cette rechute avait extraordinairement affaibli le patient, sa décoloration, sur-tout, me désespérait; je le mis au régime des hommes attaqués de gastrite obscure, ou de sensibilité de l'estomac menaçant de phlogose. Cependant, je ne pus empêcher qu'au bout de quatre ou cinq jours, le type tierce ne se rétablît.

« A cette nouvelle récidive, le quinquina ne put être admis sous aucune forme; il entretenait une douleur épigastrique insupportable, et ôtait au malade toute espèce d'appétence pour les aliments. Certot ne cessait d'accuser un sentiment de brûlure et de réplétion à la région de ce viscère.

« J'eus recours aux potions gommeuses et mucilagineuses anodines et légèrement aromatisées. Une chaleur continuelle, avec tendance au frisson, et les progrès du dépérissement m'obligèrent promptement d'y renoncer pour ne plus attaquer l'intermittence que par les moyens extérieurs. Les frictions avec la teinture alcoholique de quinquina, que j'emploie avec *beaucoup d'avantage* en cas pareils, me réussirent enfin, et je vis mon malade en pleine convalescence.

« Cependant il était d'une extrême faiblesse, il conservait toujours sa mauvaise coloration, la sensibilité obscure de l'épigastre persévérait ; elle ne l'empêchait pas de manger, elle ne le forçait pas à vomir, mais elle répandait sur ses traits un air de souffrance et de chagrin, et sur son teint la pâleur de la mort. Les selles allaient quelquefois à deux ou trois par jour. Cela semblait en rapport avec les aliments.

« Je faisais mon possible pour hâter le rétablissement de ce malade, sans sortir du cercle des médicaments légers et facilement digestibles ; je variais mes prescriptions afin de suivre le progrès des forces de l'estomac.

« Quoique Certot n'acquit point de nouvelles forces, il semblait digérer passablement ; il était vers le quarante-septième jour, rendu aux trois quarts, sans qu'il y eut d'émotion fébrile appréciable, lorsque tout-à-coup tous les organes manquèrent à-la-fois. Je ne vis plus qu'inappétence absolue, langueur, apyrexie, et même peau froide et pouls presqu'insensible, pâleur et décomposition cadavéreuse, aucune fétidité. Peu-à-peu, immobilité, indifférence, inaptitude à toute espèce d'opération intellectuelle, absence de toute sécrétion. Tous les stimulants furent sans effet. Certot cessa de vivre le cinquante-cinquième jour de sa maladie. (Phleg. chr. p. 146, t. 2.)

Autopsie.

« *Habitude.* Un tiers de marasme, muscles décolorés, point d'œdême.

« *Poitrine.* Le poumon droit, adhérent en quelques points par des productions gélatineuses semi-organisées, rougeur, imperméabilité à l'air d'une partie du parenchyme, mais point d'endurcissement ou d'hépatisation. Cœur sain.

« *Abdomen.* Estomac rétréci dans la moitié pylorique, dilaté dans le bas fond. Toute la muqueuse de cette portion tuméfiée, comme ecchymosée, et d'un rouge très-foncé; celle des environs du pylore, rouge aussi, mais beaucoup moins. Muqueuse du colon, rouge dans le commencement de cet intestin et dans le cœcum. Saine dans la portion descendante, jusqu'à l'anus; taches rouges assez étendues mais éloignées dans la longueur des intestins grêles. »

Ici nous avons vu un malade atteint d'une fièvre tierce dont la cause première ne nous est pas connue ; l'état dans lequel il se trouvait lors de son entrée à l'hôpital, fait présumer qu'il était déjà souffrant depuis quelque temps. Considérant l'ataxie des symptômes, on administra le quinquina qui dissipe les accidents nerveux et intermittents. Si la phlogose eut été cause de tous ces troubles fébriles , le quinquina les aurait aggravés au lieu de les dissiper. Le contraire ayant eu lieu, on ne peut accuser la phlègmasie gastrique d'en être cause. Mais la légère phlogose de l'estomac ou des autres viscères n'étant point détruite la convalescence ne peut s'établir. La fièvre reparaît encore après sept à huit jours, le fébrifuge donné de nouveau dissipe encore les accès à la deuxième ou troisième dose. Si le quinquina dissipe le trouble fébrile intermittent , il exaspère d'un autre côté les organes enflammés. *Une chaleur continuelle , avec tendance au frisson et les progrès du dépérissement m'obligèrent promptement d'y renoncer, pour ne plus attaquer*

l'intermittence que par les moyens extérieurs
Les frictions avec la teinture alcoholique de quin-
quina que j'emploie avec beaucoup d'avantage
en cas pareils, me réussirent enfin, et je vis mon
malade en pleine convalescence. Il agissait
évidemment ici sur le système nerveux et en
modérait la lésion intermittente. Mais comme
le quinquina ne remédiait pas aux lésions
phlègmasiques, elles occasionnèrent lentement la perte du malheureux Certot, ce que
l'autopsie a confirmé.

Quand une fièvre intermittente est compliquée d'un état phlègmasique aigu, assez
intense par lui-même pour provoquer le trouble appelé fièvre, il en résulte des phénomènes fébriles continus qui se confondent
avec ceux de l'intermittence qui empêchent
de bien distinguer le véritable caractère de la
fièvre et qui en rendent le traitement plus
difficile. Dans les fièvres ataxiques continues
vous remarquez constamment une irritation
réunie du système nerveux et du système
vasculaire sanguin, soit générale ou locale, qui
s'influencent réciproquement et qui sont quelquefois tour-à-tour cause et effets. Ainsi, par
exemple, une vive inflammation de la mu-

queuse gastrique du cerveau, peut développer par sa violence des phénomènes nerveux graves que l'on appelle ataxiques et qui ne sont que symptômatiques d'une inflammation locale; de même nous voyons une fièvre intermittente pernicieuse occasionner des irritations des phlègmasies locales qui ne sont que symptômatiques et qui excitent une fièvre continuelle sans apyrexie complète. C'est ainsi que des fièvres intermittentes simples ou pernicieuses nous arrivons à un autre ordre de fièvre plus complexe encore par ses nombreux phénomènes qui diffère des fièvres intermittentes simples et pernicieuses par une continuité plus constante et par l'absence d'une intermittence aussi bien marquée.

Nous voulons parler des fièvres ataxiques. C'est ici que je réclame toute l'attention, car, c'est sur ce point de médecine pratique que s'apesantit plus particulièrement le systême du jour. C'est ici que son influence paraît dans tout son éclat, nous dit-on; c'est aussi le point de médecine le plus digne de notre méditation, vu la gravité de la maladie et la multiplicité des phénomènes qui mettent le plus grand doute sur le véritable siège de cet ordre de fièvre.

Dans les fièvres ataxiques, même trouble nerveux, même désordre dans toutes les facultés que dans les fièvres intermittentes pernicieuses; seulement, la grande différence qui nous frappe, c'est que nous n'observons pas la même suspension dans les phénomènes fébriles et que les redoublements n'ont pas la même violence, qui est telle, dans les intermittentes pernicieuses, comme on sait, qu'en deux ou trois accès les malades peuvent être enlevés à la vie.

Quelle est donc la cause de cette différence ? Est-ce que les fièvres ataxiques seraient symptômatiques d'une phlègmasie locale, ou un état phlègmasique les compliquerait-il le plus souvent ? N'y aurait-il pas simultanément irritation du système vasculaire sanguin et du système nerveux ? Voyons si des faits étayeraient cette dernière supposition ? déjà nous avons observé que les fièvres intermittentes, même simples, deviennent continues par la présence d'une inflammation surtout aiguë comme nous en avons rapporté des exemples, comme le fait suivant va nous en fournir un autre qui prouvera encore ce que nous avons déjà fait observer *que les phlègmasies sont en général continues, que si elles ont quelquefois le type périodique ou intermittent, cela ne s'observe que rarement et que ces dernières sont plutôt secondaires que primitives.* Ce fait nous offrira des phénomènes tellement bien dessinés qu'on distinguera aisément les symptômes particuliers à la fièvre intermittente proprement dite et ceux qui appartiennent à la phlègmasie, laquelle nous expliquera le défaut d'intermittence et l'espèce de continuité qui va s'observer dans cette fièvre pernicieuse.

« Une femme sexagénaire, ayant le corps très-échauffé à la suite d'un violent exercice, s'exposa imprudemment à la fraîcheur de la soirée, elle éprouva un froid vif, suivi d'une chaleur véhémente. Une douleur forte du côté droit s'étendait jusqu'à l'épine du dos ; une toux sèche et fréquente en augmentait la vivacité ; la respiration était courte et laborieuse, la nuit qui succéda fut sans sommeil.

Werloff fut appelé, il trouva le pouls très-agité, plein et dur ; la langue était blanche, sèche. Ne doutant plus de la présence d'une pleurésie, il fit tirer du sang au bras du côté affecté et poser un cataplasme émolient sur le lieu douloureux. Le sang qui sortit de la veine se couvrit de la croûte inflammatoire; les symptômes s'adoucirent. Le même jour, à une heure après midi, le frisson reparut avec un léger froid; la chaleur de la fièvre, la toux, la douleur, etc. augmentèrent. Le pouls était aussi plein et aussi dur qu'auparavant; on pratiqua, en conséquence une seconde saignée et le sang présenta encore la croûte phlogistique. Il y eut une rémission dans les symptômes de la fièvre. Le lendemain au soir, le frisson recommence, la chaleur, la toux, etc. augmentent considérablement, ce qui rendit la nuit très-laborieuse.

« Le jour d'après, il y eut une rémission. L'après-midi, l'exacerbation débuta de nouveau par un frisson, on se contenta de renouveler l'application des cataplasmes et d'administrer des boissons rafraîchissantes. On cessa de recourir à la saignée parce que d'après la marche de l'affection et le sédiment abondant de l'urine, il n'était pas difficile de reconnaître une fièvre double tierce remittente revêtue du masque de la pleurésie. Werloff donna une once d'une mixture de quinquina à prendre avant le retour du paroxisme, qui était très-prochain. La nuit suivante, la malade ressentit seulement une grande chaleur; mais la toux et le point de côté n'augmentèrent point le jour d'après, le remède fut continué et il survint à peine une ombre d'exacerbation par l'emploi réitéré du quinquina. La malade ne tarda pas à être tout-à-fait rétablie. » (*Fièvre intermit. pernicieuse*, Alibert pag. 6o.)

Ici nous venons de voir une fièvre intermittente pernicieuse dont le type intermittent a été bien caractérisé; mais une phlègmasie locale la compliquant, la malade n'a jamais été sans fièvre; des rémissions et des redoublements très-bien marqués n'ont pu permettre qu'on ne vit qu'une phlègmasie locale, surtout lorsque le régime antiphlogistique, la saignée, les boissons émollientes palliaient seulement les accidents pleurétiques et ne remédiaient en aucune manière aux phénomènes fébriles. Aussi nous avons vu *Lautter* commencer par attaquer les premiers accidents inflammatoires que le quinquina aurait pu exaspérer s'il eut été employé primitivement, et ne pas

7

considérer les symptômes pleurétiques comme
causes de tous les désordres, mais comme
complications ou comme effets, combattre ensuite la fièvre essentielle, intermittente, par le
quinquina. Ici nous n'avons pas vu une intermittence complète, seulement des rémissions. Et à quelle cause attribuer cette espèce
de continuité? Les phénomènes pleurétiques
qui ont été des mieux caractérisés et peut-
être une réaction générale du système nerveux sur les divers systêmes ou organes de l'é-
conomie. Enfin, si la pleurésie eût été cause
de tous les désordres fébriles observés dans ce
cas, la saignée, la méthode antiphlogistique
aurait suffi. Comme dans toutes les phlègmasies, et non-seulement le quinquina eût
été impuissant, mais certainement nuisible;
son efficacité prouve donc qu'il existait une
autre cause qu'une inflammation.

On voit que l'illustre praticien auquel nous
devons ce fait, a commencé par traiter la
complication phlègmasique, que le quinquina
aurait pu exaspérer et qu'ensuite il a employé
ce puissant fébrifuge contre la cause de l'intermittence. Quoiqu'il ait procédé ainsi, et
qu'il ait commencé par les antiphlogisti-

ques, il est bien loin de considérer ces fièvres comme symptomatiques de phlegmasies
locales, mais plutôt celles-ci comme complication.

, Ainsi, d'après toutes les considérations
précédentes, sur l'intermittence propre du
système nerveux, dans l'état de santé comme
dans l'état pathologique et d'après celles sur
les fièvres intermittentes simples et pernicieuses compliquées ou non de phlègmasie locale,
nous serions portés à envisager les fièvres
ataxiques continues comme dépendant d'une
lésion ou d'une irritation plus générale du
système nerveux que celle qui existe dans
les fièvres intermittentes, et leur continuité
comme résultat d'une réaction générale et
souvent locale du système nerveux sur le systême vasculaire sanguin, état pathologique qui
nous semble donner au plus grand nombre
de ces fièvres le type continu avec des rémissions et redoublements plus ou moins sensibles. Je serais d'autant plus porté à considérer ces fièvres sous ce point de vue que : 1° Très-
souvent nous découvrons des phlègmasies locales pendant leur cours et après la mort
de ceux qui en ont été atteints; complica-

7.

tion qui donne aux fièvres intermittentes même le type continu comme nous en avons donné des exemples; 2° La méthode anti-phlogistique employée primitivement pour combattre cet ordre de fièvre a eté couronnée de plus de succès que celle qui est primitivement tonique ou antispasmodique. 3° Parce que la méthode antispasmodique est suivie d'un succès plus constant après le premier mode de traitement antiphlogistique, et enfin, 4°, nous sommes portés à ne pas considérer ces fièvres comme exclusivement symptomatiques d'une gastro-entérite ou inflammation locale, attendu que la méthode antiphlogistique, qui convient lors de leur début ou de leur première période, est généralement funeste dans les autres.

Mais revenons toujours aux faits ; car de toutes les maladies, aucune n'exige plus impérieusement une analyse soignée, à cause de leur gravité; de leurs phénomènes multipliés difficiles à bien caractériser.

Le premier fait que nous rapporterons sera celui d'un jeune homme atteint d'une fièvre ataxique, traité et guéri, par la méthode antiphlogistique et consécutivement par les antispasmodiques et les fébrifuges. On jugera aisément que si un état phlègmasique en eût été la cause essentielle, la méthode antiphlogistique et révulsive qui a été employée primitivement eût suffi pour la combattre et que les toniques dont on a gorgé le malade, comme on le verra, vers le milieu de la maladie, n'eussent pas manqué de réveiller tous les accidents phlègmasiques, si une gastro-entérite en eût été la cause exclusive.

Voici le fait que j'ai observé à la clinique de l'Hôtel-Dieu et que M. Jacquet a publié dans son excellente thèse soutenue en 1817.

« Un jeune homme, âgé de vingt et un ans, d'une bonne constitution, homme de peine chez un pharmacien, fut apporté à l'Hôtel-Dieu, le 28 avril 1817. Il ne put rien nous apprendre de satisfaisant sur les causes occasionnelles de sa maladie. Depuis six jours, il éprouvait une courbature générale avec sentiment d'une vive douleur contusive dans les lombes; céphalalgie, frissons vagues et irréguliers chaque jour, point de toux; respiration naturelle; perte complète de l'appétit; point de douleur dans l'abdomen, ni de dévoiement. Depuis l'invasion de la maladie il avait constamment bu de la limonade ; et, la veille de son entrée à l'hôpital, il prit *deux grains de tartre stribié*, qui provoquèrent seulement deux vomissements peu abondants. Le 28 avril, il offrait les symptômes suivants : douleurs contusives très-fortes dans tous les membres, et surtout dans les lombes ; pesanteur de tête sans céphalalgie, intégrité parfaite des facultés intellectuelles ; yeux brillants et humides, sans injection de la conjonctive ; langue humide, blanchâtre au milieu, sans rougeur marquée sur les bords ; goût fade sans amertume de la bouche ; soif, perte d'appétit ; point d'envie de vomir ; abdomen souple, point douloureux à la pression. Constipation ; urine peu abondante, très - rouge, respiration facile, ample, profonde ; nul sentiment de gêne, ni de douleur dans la poitrine qui est partout sonore ; toux légère, rare ; crachats purement muqueux ; peau chaude, halitueuse, moite, avec tendance à la sueur ; pouls fréquent, assez développé, et résistant sans une grande dureté.

Le 29, même symptôme ; sueur abondante. M. Récamier prescrivit : limonade végétale ;

lavement émollient; saignée du bras de deux poëlettes et demie; le sang était assez riche, mais point couenneux. Le 30, soulagement peu marqué. (Serum nitré; limonade végétale; saignée du bras; douze sangsues aux lombes.)

« Le 1er mai, continuation des mêmes symptômes (Julep béchique, bouillon). Dans la journée, la tendance à l'épistaxis manifestée par des mucosités teintes de sang, que le malade retire du nez et qu'il rejette par l'expuition. Le 2, mêmes symptômes; la constipation est toujours opiniâtre. (Fomentations émollientes sur l'abdomen; lavement émollient, saignée du bras de deux poëlettes.) (Le sang est moins *riche*, le caillot moins dense que celui des deux saignées précédentes.)

Le 3, (vésicatoire à une cuisse.) Dans la journée, une selle de consistance naturelle. Le 4, visage moins rouge, peu de soif, urine abondante, une selle comme dans l'état de santé; pouls toujours fréquent, assez développé, mais peu résistant; peau chaude, halitueuse; dans la nuit, sommeil, sueur. Le 5, pâleur de la face, le pouls conserve sa fréquence, (serum, eau de seltz; julep béchique; bain d'une demi-heure; bouillon.) Dans la

nuit, deux selles liquides. Le 6, mêmes symptômes; quelques selles liquides. Dans la nuit,
sommeil agité, rêvasseries. Le 7, teint pâle;
abattement des traits; dents sèches; langue
assez humide, point rouge, couverte au milieu d'un léger enduit jaunâtre, soif modérée,
abdomen souple, un peu douloureux sous
une très-forte pression; respiration libre et
facile, poitrine bien sonore, toux légère,
crachats muqueux; peau sèche, très-chaude;
pouls fréquent, médiocrement résistant. (Eau
de gomme; julep béchique avec *Laudanum*,
six gouttes.) Le 8, mêmes symptômes; dévoiement. (Dix sangsues sur l'abdomen; bain à
vingt-huit degrés.)

Après la chute des sangsues, faiblesse
très-grande, le sang coule abondamment.
Dans la nuit, pas de sommeil, rêvasseries,
agitation.

« Le 9, abattement très-grand, somnolence,
soubresauts des tendons, décomposition des
traits; couleur livide de la face, œil éteint;
langue sèche, racornie, noire au milieu, point
de rougeur des bords, soif vive; abdomen
souple, point élevé, nulle part douloureux à
la pression, point de dévoiement, pouls fré-

quent, petit, très-dépressible; chaleur très-vive, n'étant pas plus élevée sur l'abdomen que sur tout le reste du corps, peau sèche. (Limonade citrique vineuse ; julep béchique musc grains dix-huit. Fomentation sur l'abdomen ; vésicatoire volant à l'autre cuisse ; synapismes aux pieds.) Dans la nuit deux selles liquides, insomnie, délire. Le 10, décubitus constamment en suppuration, la langue un peu moins sèche, très-pâle sur les bords; point de chaleur à la peau qui est moins sèche; pouls fréquent, très-petit, très-dépressible. (Décóction de quinquina, trois pots; vin rouge, julep avec extrait de quinquina, deux onces, camphre, grains vingt-quatre ; fomentation sur l'abdomen avec l'infusion de camomille et le vinaigre.

« Le soir, langue humide, pâle comme le matin; peu de soif, abdomen souple, point douloureux par la pression; une selle, matières bien liées; respiration naturelle, toux légère; peau chaude; sueur; pouls peu fréquent, un peu plus développé. Nuit calme. Le 11, facies moins abattu, plus naturel, teint moins livide; lèvres et dents nettoyées; langue parfaitement humide, nettoyée, pâle, point

de soif; abdomen bien souple, point douloureux, respiration naturelle, toux rare ; peau
souple sans beaucoup de chaleur ; pouls point
fréquent, moins faible; (même prescription
que la veille.) dans la même journée , deux
selles sans dévoiement. Le 12, encore moins
d'abattement ; pouls plus plein, plus résistant;
du reste, mêmes symptômes. (Julep avec extrait de quinquina deux onces ; teinture de
quinquina trois onces ; sirop de diacode deux
onces ; d'ailleurs on ne change rien aux médicaments prescrits les deux jours précédents.)
Dans la nuit, sommeil, selle involontaire dans
le lit. Le 13, langue humide, soif modérée ;
abdomen un peu tendu, météorisé, insensible à la pression, point de selles ; respiration naturelle ; pouls un peu fréquent, assez
développé, médiocrement resistant; peau sèche, modérément chaude. (même prescription ; soupe.) dans la nuit, sommeil tranquille. Le 14, abdomen un peu plus tendu,
un peu plus météorisé , selles involontaires,
chaleur naturelle, pieds et jambes œdématiés,
on supprime la décoction de quinquina,
(décoction blanche gommée, teinture de canelle avec addition de sirop d'écorce d'orange,

deux pots ; julep avec décoction de simarouba,
extrait de quinquina un gros, sirop diacode
et sirop d'écorce d'orange ; riz léger), point
de selles dans la journée ni la nuit. Le 15,
langue sèche sans enduit, brunâtre au milieu,
sans rougeur sur les bords, un peu de soif ;
point de dévoiement, abdomen insensible à
la pression ; chaleur un peu plus élevée que
dans l'état de santé ; pouls un peu fréquent,
petit et faible. (Même prescription dans la
nuit, rêvasseries.) Le 16, somnolence, abattement ; langue très-sèche, lisse, pâle ; abdomen tendu et météorisé, constipation ; pouls
très-fréquent, petit, très-dépressible ; peau
sèche, très-chaude (décoction de quinquina
gommé, trois pots ; julep béchique, extrait de
quinquina, une once, éther trois gros ; pilules de camphre, seize grains, lavement camomille miel, fomentations sur l'abdomen
avec l'infusion de camomille et le vinaigre ;
bain à vingt-six degrés.) Nuit calme, sans
sommeil. Le 17, beaucoup moins d'abattement, point de somnolence ; le malade reste
plusieurs heures assis sur son lit ; langue
parfaitement humide, bien nettoyée, pâle,
point de soif ; désir des aliments ; abdomen

souple, pas météorisé, point de dévoiement;
pouls pas fréquent, mais encore petit et faible;
chaleur naturelle. (Point de pain, bouillon
avec fécule; du reste, même prescription que
la veille.) Le soir, langue parfaitement humide; point de chaleur à la peau, point de
fréquence de pouls; dans la nuit, sommeil
tranquille. Le 18, la physionomie exprime le
bien-être, langue pâle et bien humide, bien
nettoyée, soif très modérée; appétit très-vif,
abdomen souple, point météorisé, insensible
à la pression; point de dévoiement, respiration naturelle, poitrine bien sonore, pouls
encore un peu fréquent, mais plus développé,
plus résistant; chaleur naturelle. (Même prescription.) Dans la nuit, sommeil tranquille.
Le 19, même état, il se lève seul et fait une
petite promenade dans la salle. Le 20, état de
parfaite convalescence; les mains et le bas
des jambes restent un peu œdémateux. (Frictions alcoholiques sur la surface du corps;
soupe, riz, quart de portion.) Le 21, état
de convalescence bien confirmé, appétit très-
vif. Le 22, il marche rapidement vers l'état
de santé. On accorde à son appétit la demi-
portion. »

Que nous a offert cette observation ? un trouble général dans toute l'économie, une irritation universelle des principaux systêmes, surtout une réaction du système nerveux sur le vasculaire sanguin; on oppose sagement à ce trouble consécutif la méthode antiphlogistique. Croyant n'avoir à vaincre que cette réaction ou irritation sanguine on continue la même médication, mais on avait un autre ennemi à combattre, l'irritation nerveuse primitive; alors la première médication qui convenait devient impuissante, et même elle accroît les désordres nerveux; et le malheureux aurait péri, si l'on eût voulu persévérer dans la *méthode débilitante;* mais averti par les accidents de son action nuisible, on change assez à temps le mode de médication, on fait usage des plus puissants antispasmodiques, le musc, le quinquina en décoction et en extrait, le camphre; et dès le deuxième jour de cette nouvelle médication les symptômes les plus alarmants, sont diminués; du 9 au 16, les mêmes moyens sont mis en usage, et le 22 on voit le malade en pleine convalescence.

Si tant de phénomènes ou troubles fébriles

eussent été occasionnés par une phlègmasie de la muqueuse gastrique, la méthode antiphlogistique eût-elle été aussi impuissante, même si contraire dans les derniers jours? et les toniques donnés après à si haute dose, et stimulants de leur nature, n'auraient-ils pas réveillé la phlègmasie gastrique que le premier mode de traitement avait détruite ou palliée? car on sait avec quelle facilité elles se réveillent, sur-tout lorsqu'elles sont assez violentes pour développer une fièvre ataxique aussi grave qu'effrayante par les nombreux désordres qu'elle occasionne. Nous ne pouvons le croire, sur-tout lorsqu'on connaît l'opiniâtreté des phlègmasies gastriques qui exigent, pendant leurs cours, des adoucissants si on ne veut les voir s'exaspérer.

Quand a-t-on employé les toniques chez ce malade? lorsque les désordres étaient les plus grands, c'est-à-dire, lorsque l'inflammation aurait dû être à son plus haut degré, si tous les phénomènes nerveux eussent été symptômatiques d'une gastro-entérite. Ainsi tout dément l'existence de cette lésion phlègmasique; l'expérience repousse même l'ombre de cette supposition.

Ainsi chez ce jeune homme, nous avons vu une irritation générale du systême nerveux, avec réaction sur tous les autres systêmes de l'économie, que l'on a combattues très-sagement par la méthode antiphlogistique. Cette réaction générale du systême vasculaire une fois calmée, on a opposé à l'irritation générale du systême nerveux les plus puissants antifébriles et antispasmodiques.

Je le répéterai encore ici, il faut, en général, dans le traitement, soit des névroses, soit des fièvres ataxiques intermittentes ou rémittentes, simples ou pernicieuses, *toujours débuter*, suivant l'antique précepte, par le traitement antiphlogistique, avant les fébrifuges, lorsque toutefois les accidents nerveux ne sont pas trop menaçants et que la constitution et l'état des forces du sujet le permettent. Par cette méthode sage, vous disposez les malades à recevoir les toniques; vous diminuez la disposition aux phlogoses locales ou à la réaction générale; vous empêchez que les stimulants que l'on est obligé d'opposer aux troubles nerveux n'excitent, par leur action irritante, des phlègmasies locales.

. Mais parce que ce mode de traitement est le plus convenable, et couronné de succès constants, il ne peut nous porter à conclure que l'ordre de fièvres dont nous traitons ici, soit symptomatique d'une gastro-entérite.

Pour faire mieux juger de l'exactitude de tout ce que nous avançons ici, nous allons rapporter un autre fait qui nous offre une fièvre ataxique des mieux caractérisées. La malheureuse qui en fait le sujet a été traitée dès le début de sa maladie par les antispas-modiques, par les stimulants par consé-quent, et ensuite par la méthode antiphlo-gistique, débilitante jusqu'à la surveille de sa mort. L'on a fini par où l'on aurait dû commencer. Ouverte, on n'a trouvé aucune lésion organique qui pût faire soupçonner qu'une phlègmasie locale, gastrique sur-tout, fut cause exclusive de tout le trouble ner-veux observé pendant le cours de la maladie.

« Eugénie, couturière, âgée de vingt ans, d'une constitution frêle et délicate, d'un ca-ractère impatient et très-irascible, ayant eu souvent, à la moindre contrariété, des transports violents de colère qui allait jusqu'au délire avec convulsions, éprouva, le 22 décembre 1816, un frisson violent, qu'elle rapporta principalement à la tête; sensation continuelle de froid. (Elle boit une bouteille de vin chaud dans lequel elle a fait infuser de la canelle.) »

« Le 25, oppression; douleur vague dans le côté droit de la poitrine. (*On applique neuf sangsues à la partie latérale et inférieure*); apparition momentanée des règles; des sueurs s'établissent. Dès ce moment, plus de frissons, et tout annonce une heureuse terminaison. »

« Le 26, au soir, la malade étant encore dans son lit, causait avec un jeune homme qu'elle aimait beaucoup. Elle craignait cependant d'être surprise. Dans ce moment, une voisine ouvre brusquement la porte de la chambre; la jeune fille aussitôt est prise de convulsions de tous les membres; sa respiration est entrecoupée; elle ne peut plus parler : succède bientôt un délire furieux; des pensées tristes assiègent son esprit; elle ne parle plus que de mort; elle se croit environnée de gens qui conspirent sa perte. »

«Le 29, mouvement convulsifs des muscles de la face et des membres; serrement des mâchoires; dents et lèvres enduites de mucosités desséchées et brunâtres. (Infusion de valériane et d'écorse d'orange; — potion avec eau de mélisse, sirop de k. k., et liq. d'Hoffm.) Cet état persiste les jours suivants; et pendant tout ce temps, médications stimulantes, telle que le quinquina diversement préparé, la serpentaire de Virginie, etc., vésicatoires aux mollets. »

« Lors de son entrée à l'Hôtel-Dieu, le 4 janvier 1817, elle offrait les symptômes suivants : délire furieux; cris continuels; mouvements irréguliers et violents; soubresauts des tendons; aphonie; conjonctive injectée; pupilles contractées; face injectée et grippée; air inquiet; dents sèches, fuligineuses; langue sèche, âpre, noire; abdomen souple, nullement douloureux à la pression; pouls petit, irrégulier; respiration fréquente; le son du côté droit de la poitrine, bien clair dans ses deux tiers supérieurs, était obscur à son tiers inférieur; (mais cela ne tenait-il pas à la présence du foie?) le son du côté était très-clair partout. (Sinap. sur le côté droit du thorax.)

· Le 5, mêmes symptômes; dilatation extrême de la pupille. (Sérum, trois pintes; dix-huit sangsues autour du cou et derrière les oreilles; — potion avec éther sulf. un gros, laudanum gouttes six; eau de fleurs d'orange quatre grains et sirop q. s.) L'injection de la face diminue après la chute des sangsues; la respiration reste fréquente. Deux heures après, saignée du bras de deux poêlettes (le sang se coagule peu.) Une heure après, bain à vingt-six degrés; après le bain elle recouvre la parole; les soubresauts ont été insensibles pendant une demi-heure; mais le pouls est resté petit, serré, toujours irrégulier. A cinq heures du soir, les lèvres, les dents et la langue sont moins sèches; la face est calme; elle n'exprime pas la douleur et l'inquiétude; la constipation persiste. A huit heures, le délire et l'agitation recommencent; soubresauts; yeux fixes; mussitation. (Quinze sangsues derrière les oreilles, deux sinapismes aux pieds.) Dans la nuit, délire un peu moindre; une selle.

« Le 6, même état que la veille au soir. (Mêmes boissons, saphène d'une poêlette, et ensuite bain à vingt-cinq deg.) A la place de

la saphene on pratique une saignée de bras.
Réfroidissement dans le bain, après lequel
elle frisonne long-temps et se réchauffe lentement. (Après le frisson, glace sur la tête
pendant deux heures.) Bientôt après, calme;
prononciation facile, réponses justes; les
yeux restent brillants. A cinq heures du soir,
deuxième saignée d'une poêlette; le sang
se coagule promptement. (A huit heures,
deuxième bains; après le bain, deux sinapismes aux pieds; dans la nuit, application
de glace sur la tête pendant quatre heures.)

« Le 7, rougeur plaquée des joues; yeux
hagards; agitation continuelle des muscles
de la face; front ridé; sourcils rapprochés;
balbutiement; terreurs paniques; plaintes et
cris continuels ; soubresauts des tendons;
dents sèches et noires; langue sèche, âpre,
brune; point de soif, abdomen un peu douloureux à la pression; l'hypochondre droit
et le même côté de la poitrine sont douloureux par le plus léger contact. (Serum. —
Eau de veau. — Sirop d'éther, une once. —
Calomélas douze grains, à prendre par grain
d'heure en heure; quatre sangsues à chaque
tempe, huit à la région du foie. — Glace sur

la tête pendant la nuit.) La prescription fut ponctuellement exécutée. Après le bain elle reste pendant quatre heures froide et tremblante, et ne se réchauffe que lentement. A cinq heures du soir, état de collapsus très-marqué; face entièrement décolorée; efforts vains pour parler; pouls filiforme. Vers neuf heures, les accidents redoublent; rougeurs plaquées sur les joues; délire.

Le 8 au matin, calme; facultés intellectuelles moins embarrassées; les yeux sont par instants fixes, étonnés et ont perdu de leur premier éclat; face pâle; langue humectée; salivation abondante; respiration facile et paisible; pouls très-fréquent. (Fomentations émollientes sur l'abdomen.) A cinq heures du soir, le côté droit du thorax est sensible à la plus légère pression. (Douze sangsues. — Deuxième bain.)

Le 9, délire continu, mais léger; lèvres et dents recouvertes d'une salive visqueuse; abdomen souple, nulle part douloureux à la moindre pression; le côté droit du thorax est sensible au toucher, le pouls, par fois très-faible, fréquent et irrégulier, est bientôt calme et régulier; les règles paraissent en petite quantité. (Sérum. — Eau de veau. — Deux bains à vingt-six deg. — Fomentations sur le côté du thorax. — Potion avec acétate d'amoniaque un scrupule, laudanum six grains, sirop d'éther demi-once, eau de lis et de laitue de chaque une once et demie.) Le soir, tristesse, morosité; la malade, qui articule bien les mots *à mon arrivée*, fait un instant après des efforts inutiles pour parler.

« Le 10, mêmes symptômes que la veille; la constipation persiste. (Bains à vingt-huit deg. — Dix-huit grains de musc en six pilules. — Sérum. — Infusion de graines de lin, sirop d'éther trois onces. — Lavements émoliients.) Le soir, les accidents redoublent; le délire va en augmentant; les yeux sont plus hagards; agitation; cris. Cet état se prolonge une grande partie de la nuit.

« Le 11, état comateux; abattement très-grand; face décomposée; yeux tournés en haut; conjonctive ridée; délire taciturne; respiration haute, bruyante, précipitée; pouls irrégulier. Mort à sept heures du soir.

« La dissection et l'examen le plus attentif du cerveau et de toutes ses dépendances, n'ont pu y faire découvrir aucune alrération, leur couleur et leur consistance étaient tout-à-fait naturelles.

« La membrane muqueuse de l'estomac et des intestins; était par-tout d'une pâleur remarquable; le foie était sain. On a seulement remarqué dans le tissu du poumon droit, et dans un diamètre de deux pouces, à-peu-près, une consistance et une apparence telle que celle qu'on remarque dans le degré d'inflammation qui précède l'hépatisation. Le poumon gauche était infiltré de sang, mais sain du reste. »

Nous venons d'exposer un fait bien digne de toute notre attention par ses rasultats et par les conséquences pratiques qu'on peut en tirer, surtout comparé au précédent.

Nous avons vu une malade atteinte d'une première lésion phlegmasique qui a été arrêtée à sa naissance par la saignée, par la diète et les boissons convenables; mais à peine convalescente, elle est saisie d'une vive frayeur qui produit chez elle le plus grand trouble dans le système nerveux et d'autant plus aisément qu'elle avait été affaiblie par la saignée et la diète, car l'on sait que l'on est d'autant plus susceptible d'être irrité qu'on est plus faible.

Aussi de cette vive frayeur, il est résulté des convulsions et une fièvre nerveuse continue; convulsions qui annoncent que le systême nerveux a été vivement irrité. Ici, au lieu de commencer le traitement par des boissons douces, par de simples antispasmodiques par quelques bains et même par une légère évacuation sanguine locale comme chez le malade précédent, d'autant plus indiquée ici que la malade était à peine convalescente d'une pleuro-péripneumonie, on commence par des toniques, par la valérianne, par l'écorce d'orange, l'eau de mélisse, le sirop de quinquina, etc. On ne fait pas assez d'attention qu'une excitation nerveuse réagit presque constamment sur toute l'économie et particulièrement comme nous l'avons déjà observé sur le vasculaire sanguin, réaction qui contre-indique primitivement les stimulants. C'est faute de tenir compte de ces phénomènes généraux, que l'on voit les antispasmodiques plus souvent nuisibles qu'utiles.

Eclairé par l'impuissance et même l'effet nuisible des toniques, lors de l'entrée de l'entrée de la malade à l'Hôtel-Dieu, on change le mode de médication, on est aussi prodigue de son sang qu'on en avait été avare, lors du début de la maladie. L'enthousiasme pour la nouvelle doctrine était alors à son comble et la malade en éprouva aussi les effets. On applique dès la première visite dix-huit sangsues et on fait une saignée de deux poêlettes le matin, et le soir quatorze sangsues, aucun calme ne survient. A la deuxiéme visite, deux saignées de bras et un bain sont ordonnés; on a vu un refroidissement et un tremblement universel survenir à la suite du bain, et les accidents devenir menaçants. A la quatrième visite douze sangsues encore; le sixième jour de son entrée les accidents sont allarmants; le septième jour, mais trop tard, on invoque les ecours des plus puissants anti-spasmodiques, mais inutilement, les accidents persévèrent, et la malade étant épuisée, la mort l'enlève. On sait, en général, en médecine pratique, que les organes malades se guérissent moins par eux-mêmes que par la force auxiliaire des organes sains. Mais de telles considérations ne sont rien pour le systématique, ce sont des détails dans lesquels ils dédaignent d'entrer.

On voit ici que le premier mode de traitement, suivi avant l'entrée de la malade à l'Hôtel-Dieu, a été nuisible, que l'on a employé trop tôt les toniques et les anti-spasmodiques; de même, nous avons vu évidemment que le régime débilitant a été trop long-temps continué, que l'on a employé trop tardivement les toniques dans les derniers jours. Lorsqu'ils ont été mis en usage, les organes étaient épuisés.

Le corps ouvert, que nous révèle-t-il? aucune phlegmasie de la muqueuse gastrique, une inflamation du parenchyme du poumon dans l'étendue de deux pouces, l'engorgement n'était ni en suppuration, ni même hépatisé; état phlegmasique, trop circonscrit pour pouvoir l'accuser en rien des troubles nerveux observés pendant le cours de cette grave maladie.

Au contraire, tout accuse la lésion du système nerveux d'être cause de tous les phénomènes ataxiques observés. La constitution très-nerveuse de la malade, la vive frayeur, les convulsions qui en ont été la suite, la nature de tous les phénomènes, ne nous permettent pas d'hésiter un instant que la lésion du système nerveux doive être accusée plus particulièrement. Probablement on eût été plus heureux, si l'on eût suivi une marche plus méthodique, si l'on eût, comme chez le jeune homme dont nous venons de donner l'histoire, commencé par la méthode anti-phlogistique et invoqué plus tard les anti-spasmodiques comme les fébrifuges, d'autant plus que, quelques jours avant la commotion nerveuse et l'invasion des accidents qui en ont été la conséquence, la malade avait eu tous les symptômes d'une péripneumonie, dont on a trouvé des traces après la mort, mais comme nous l'avons observé, pas assez graves pour leur attribuer tous les phéno-mènes nerveux.

Ce que je dis sur le mode de traitement des fièvres ataxiques continues, s'applique à toutes les lésions nerveuses rémittentes ou continues surtout avec fièvres. Vous devez toujours commencer par les anti-phlogistiques; désemplir les vaisseaux, si toutefois le ma-lade est pléthorique, si quelques congestions ou lésions locales phlegmasiques s'observent, si quelques évacuations sanguines habituelles sont supprimées, etc. Par ce premier mode de médication, vous assurez l'effet des toniques, des antispasmodiques, des fébrifuges, vous ne vous exposez pas, ou bien moins, à développer des complications phlegmasiques. Vous remédiez par une telle conduite à la réaction générale qui s'observe assez constamment en pareil cas.

Mais concluerons-nous parce que nous devons débuter ainsi dans la plupart des fièvres, que toutes soient symptômatiques d'une gastro-entérite? que les fièvres essentielles doivent rentrer dans la série de ces phlegmasies, j'ai dit les causes qui doivent nous porter à suivre cette médication et les raisons qui repoussent les suppositions erronées de la nouvelle doctrine. Toute sensibilité à l'épigastre, toute douleur d'estomac, nous dit-on, est un signe d'une gastrite, d'une inflammation de l'estomac. Cette idée n'est pas une des moins exclusives de l'auteur de la nouvelle doctrine. Je laisserai aux médecins qui pratiquent au sein des grandes villes qui savent avec quelle facilité on guérit certaines douleurs d'estomac à l'aide de toniques, à faire justice de cette opinion : certainement il en est qui dépendent d'une légère phlogose, mais il en est aussi qui dépendent de toute autre cause et que l'on doit traiter différemment.

Voici un fait qui prouvera que des douleurs d'estomac, des spasmes assez intenses, des vomissements peuvent exister sans phlogose de la muqueuse gastrique, ou du moins si celle-ci a existé, elle n'a pu être que symptômatique de l'irritation nerveuse, car on verra les adoucissans variés, les révulsifs sans esfets, et au contraire l'extrait de quinquina, le camphre et l'opium, calmer tous les accidents gastriques et fébriles.

Si une telle lésion eut été occasionnée par une gastrite, ces derniers moyens n'auraient pas manqué de l'exaspérer.

Il y a deux ans, je fus appelé, à vingt-deux lieues de Paris, pour donner des soins (concurremment avec MM. Jolly et Laurain, praticiens distingués, de la ville de Château-Thierry) à une parente chérie, à madame Jolly, atteinte d'une fièvre nerveuse, suite de frayeurs, d'inquiétudes, d'agitations vives et prolongées, occasionées par la présence des armées *ennemies,* qui avaient tellement irrité le systême nerveux, qu'à la plus petite nouvelle, qu'à la moindre émotion, elle

éprouvait, depuis près d'un an, un tremblement universel.

Chaque redoublement de cette fièvre arri-
vait le soir ; il s'annonçait par un spasme de
tout le corps, par un frisson et un froid très-
vif ; sa durée était d'une heure ; à ce trouble
se joignait sensibilité assez vive de l'épigastre,
avec douleur, légère chaleur de cette région,
et vomissements ; on remarquait aussi, mais
seulement de loin à loin, quelques légers
soubresauts des tendons ; la langue était légèrement saburrale, sèche au milieu, pendant
le premier degré de chaleur. Les urines étaient
plutôt pâles, dites nerveuses que foncées
en couleur. Pendant les dix premiers jours,
un régime adoucissant ; une diète sévère,
quelques légers anti-spasmodiques furent prescrits. Jusque-là le quinquina n'avait point été
mis en usage, à cause de la sensibilité de
l'épigastre et des vomissements qui surve-
naient au commencement des redoublements ;
mais, observant que les symptômes fébriles
nerveux s'exaspéraient au lieu de se modé-
rer, nous résolûmes tous trois, de concert,
d'essayer l'extrait de quinquina. Dès le premier jour, le redoublement fut moindre ; le

deuxième, bien moindre encore; le quatrième et le cinquième sur tout disparition presque totale de tous les accidents; le sixième jour, la malade passe à la convalescence, et continue ce médicament quelques jours encore. Ici la douleur, la sensibilité de l'épigastre, la fièvre étaient-elles le résultat d'une irritation sanguine, d'une phlegmasie locale, ou une irritation purement nerveuse ? L'ensemble des phénomènes morbifiques; l'action, l'effet du quinquina repoussent la première supposition, et nous forcent d'admettre la dernière. *Mais voyons maintenant si une phlegmasie locale* de quelque viscère peut développer des symptômes nerveux en réagissant sympatiquement sur toute l'économie et simuler une fièvre ataxique? si vous interrogez les Browniens, ils vous contesteront cette possibilité aussi exclusivement que l'auteur de la nouvelle doctrine vous assure aujourd'hui que toutes les fièvres ataxiques sont constamment symptômatiques d'une phlègmasie locale, que sans celle de la muqueuse gastrique il n'y a point de fièvre; les causes, les symptômes, les résultats thérapeutiques, la nature entière démontrerait aux Browniens qu'une phlègmasie peut développer des symptômes ataxiques, ils ne se rendront pas-plus à l'évidence que les partisans de la nouvelle doctrine. Ils ne verront que ce que proclame le système du jour. Voici un fait mémorable que j'ai déjà cité dans mon premier mémoire pour démontrer les dangers des systêmes en médecine; je l'analyserai de nouveau ici pour prouver, 1°, que les stimulants dans les fièvres ataxiques symptômatiques d'une phlègmasie sont des plus funestes; 2° que lorsqu'une fièvre est symptômatique d'une phlègmasie, des symptômes évidents annoncent son existence. Cette observation est tirée de la pratique du docteur Broussais, lorsqu'il était esclave d'une autre thèorie, lorsque lui-mème était encore sous le joug du système de Brown. Je rapporte d'autant plus volontiers ce fait, que l'on rencontre çà et là quelques vieux Browniens qui sont restés fidèles à ce funeste systême et que des revers n'ont pu éclairer encore sur ce qu'il renferme d'exclusif.

Gastrite aigue simulant le catharre et la fièvre ataxique continue. Phlègmasie chronique, tom. II, pag. 17.

« M. Beau , chirurgien sous-aide au dix-huitième régiment d'infanterie légère, âgé de vingt-quatre ans , cheveux bruns, taille au-dessus de la moyenne , mince , poitrine étroite, sternum enfoncé, avait eu plusieurs fois des rhumes très-graves, et des attaques d'hémoptysie. Il n'était pas adonné aux femmes ; mais il avait la passion de l'étude , à laquelle il sacrifiait souvent les heures destinées au repos. Il venait de faire la campagne d'Allemagne , pendant laquelle il avait souffert beaucoup de fatigues, lorsqu'il fut employé dans un hôpital qu'on avait établi à Gorizia. Il y séjourna quelques jours, pendant lesquels il déjeunait tous les matins avec du vin rouge sucré. Il s'apperçut que ce régime lui échauffait beaucoup l'estomac (jusque-là il avait déjeuné au café) et qu'il devenait plus excitable.

« Il me fit appeler, le 7 mars, à Udine ; il était malade depuis sept à huit jours ; il se plaignait d'une chaleur gastrique fort incommode, et d'avoir perdu l'appétit. Il me dit qu'il s'était enrhumé depuis quelques jours, et que la fièvre s'était accrue de plus en plus. Je remarquai fièvre très-vive, pouls large, dur, intermittent à des espaces irréguliers; chaleur intense, bouche en bon état, peu de soif, figure tiraillée. Il se plaignait d'une vive douleur de poitrine et d'une forte constriction qu'il rapportait à l'épigastre. Il éprouvait une violente anxiété, se tournait sans cesse, poussait des soupirs douloureux, et paraissait fort affecté de sa situation. Il avait d'abord craché un peu de sang; mais alors il ne pouvait plus tousser, malgré l'irritation qui l'y sollicitait sans cesse, à cause de la cruelle douleur que lui causaient les secousses de la poitrine.

« L'irritation pulmonaire et la force du pouls indiquaient la saignée; mais son intermittence, la décomposition des traits, et le séjour que le malade venait de faire dans un hôpital où le typhus contagieux avait régné, me firent craindre qu'elle ne portât préjudice à la force nerveuse. Je conseillai une décoction de figues grasses et un vésicatoire sur le sternum, la douleur de poitrine paraissant universelle. Le malade refusa le vésicatoire, et se dégoûta bientôt de sa boisson.

« Le lendemain, huitième jour, l'anxiété était plus forte, les secousses de toux le tourmentaient sans relâche. Il me raconta la cause et les progrès de sa douleur épigastrique, et ajouta qu'ayant voulu prendre un peu de vin chaud et de bouillon, les premiers jours de sa maladie, il avait vomi ces substances. Il me demanda la saignée avec instance. Je lui conseillai de se faire appliquer sept à huit sangsues autour de l'épigastre : à peine fus-je parti qu'il s'en fit mettre seize.

« Pendant la nuit les plaies saignèrent abondamment ; l'hémorragie fut arrêtée avec beaucoup de peine et malgré le malade, qui prenait plaisir à voir couler son sang.

« Le lendemain, neuvième jour, je le trouvai pâle, le pouls faible, la peau froide, tombant en défaillance au moindre mouvement. La douleur de poitrine était disparue ; il restait à peine de la toux : le malade avait déliré pendant l'hémorrhagie. Je conseillai une infusion de quinquina émulsionnée et gommée, et quelques cuillerées d'eau vineuse sucrée : tout cela fut aussitôt vomi qu'avalé. L'anxiété, le malaise, l'agitation reparurent. J'essayai quelques juleps un peu aromatisés et anti-spasmodiques; ils furent repoussés; les consommés le furent également. Il fallut s'en tenir aux boissons gommeuses, acidulées avec du suc de citron : le malade les prenait avec plaisir, et ne les vomissait point.

« Deux jours après, les lipothymies cessèrent, le pouls se releva; mais dans la même proportion, l'anxiété s'était exaspérée, les petits efforts de toux recommencèrent. Je ne pus faire prendre autre chose qu'une potion gommeuse acidulée.

« Le douzième jour M. Beau cessa d'être attentif à tout ce qui se passait autour de lui; le pouls tomba tout-à-fait, la bouche s'encroûta; il repoussa tous les toniques.

« Le treizième, après un usage assez abondant de la potion gommeuse et de la limonade, qu'il prenait toujours avec plaisir, la susceptibilité s'étant émoussée, il commença à avaler quelques cuillerées de potion gommeuse, aromatisée avec de l'eau de fleurs d'orange et d'écorce d'oranger, et à supporter le vin de Chypre à petites doses.

« Je profitai de la stupeur où il était pour appliquer sur le thorax et les extrémités les vésicatoires, pour lesquels il avait toujours montré une répugnance invincible. Depuis lors il avala tous les médicaments cordiaux qu'on voulut lui donner, et ne les vomit plus que quand on le faisait boire à des intervalles rapprochés.

« Nonobstant tous ces moyens, les symptômes firent des progrès désespérants ; il cessa de répondre à toute question ; il ne témoignait reconnaître personne ; il ne sortait plus la langue ; on le voyait les yeux à demi - fermés, soupirant sans cesse, faisant des tentatives infructueuses pour tousser, sur-tout quand on lui découvrait la poitrine ; remuant à chaque instant ses bras, qu'il croisait souvent derrière la tête, ou qu'il tenait élevés perpendiculairement ; il changeait d'attitude presqu'à chaque minute ; quelquefois on le voyait se découvrir brusquement, et se coucher sur le ventre en travers de son lit.

« C'était dans ces agitations que l'infortuné Beau passait les nuits entières, sans goûter un instant les douceurs du sommeil. Le pouls, qui fut toujours irrégulier et intermittent, s'affaiblissait de jour en jour. La peau perdait sa chaleur; l'encroûtement de la bouche était très-variable en consistance, en couleur, et quelquefois n'existait pas du tout, la face s'excavait sans être ni jaune, ni terreuse ou livide, comme dans le vrai typhus; elle conserva toujours la couleur de chair de la santé; il semblait que le sentiment ne lui était ôté que par la violence des douleurs; il avait des grincements de dents presque continuels; on ne remarquait ni dyspnée ni agitation à la poitrine.

« A la réunion de ces terribles symptômes, je ne pouvais méconnaître une phlègmasie gastrique; mais, comme le danger était grand, je n'osais m'en rapporter à moi seul. Je m'entourai des lumières d'un médecin distingué, qui jugea la maladie plutôt ataxique qu'inflammatoire; et les stimulants de toute espèce furent prodigués. Le malheureux jeune homme n'avait plus la force de les vomir; mais ses cruelles anxiétés augmentaient d'autant plus qu'il en prenait davantage.

« Le seizième jour tout son corps était

agité d'un tremblement convulsif. Le dix-
septième sa face se rétrécit, son pouls s'ef-
faça davantage; vers le soir il était dans un
coma profond. Le dix-huitième, immobilité
absolue : les boissons ressortaient ou péné-
traient dans la trachée, la peau était glaciale,
le pouls à peine sensible, la respiration rare,
mais nullement laborieuse ou convulsive. Le
léger souffle de vie qui l'animait encore se
dissipa dans la nuit.

Autopsie.

« *Habitude*. Le cadavre était dépourvu de
graisse, mais les muscles étaient saillants,
bien colorés et fermes; il n'y avait aucune
fétidité. — *Tête*. Pie-mère fort injectée, sur-
tout sur l'hémisphère gauche. Substance cérébrale consistante et rouge; ventricules un
peu dilatés par une sérosité limpide. — *Poitrine*. Les deux poumons libres et fort sains;
cœur en bon état; point de liquide dans le
péricarde. — *Abdomen*. Estomac resserré,
réduit à la grosseur d'un intestin grêle; sa
consistance dure, sa membrane muqueuse
épaisse, et dans toute son étendue, d'un
rouge foncé, livide, porté jusqu'au noir dans

une foule d'endroits. Tous les intestins rétrécis et fortement contractés ; leur muqueuse
sèche et d'un rouge éclatant ; les capillaires
des vaisseaux mésentériques fort injectés ;
aucune fétidité. »

Tout n'a-t-il pas révélé, depuis la naissance
de la maladie jusqu'à la fin, qu'une gastro-
entérite était cause de tous les désordres fébriles? le genre de vie que Beau menait depuis quelque temps, l'abus du vin chaud
sucré, du café, l'hémoptysie avec la toux,
la constriction de l'épigastre , la chaleur vive
de cette région, le pouls large, dur, intermittent; les vomissements éprouvés dès le début
de la maladie, le désir que le malade avait
d'être saigné, lorsqu'il avait encore toute sa
connaissance et le sentiment d'une chaleur
qui le consumait; la disparition de la douleur épigastrique après la saignée, le vomissement renouvelé après la décoction de
quinquina, quoique émulsionnée, de même
que celle de l'eau vineuse sucrée; la repro-
duction de l'anxiété après ces breuvages et le
consommé, le plaisir avec lequel le malade
prenait les boissons douces et acidulées qu'il
ne vomissait pas, n'étaient-ils pas des symp-

tômes évidents de la phlogose gastrique? Tout, dans ce malheureux malade, exprimait qu'une phlègmasie était cause de tous ses maux. Mais *le systéme* présidait à cette méditation, il ne permettait pas au médecin, qu'il tenait sous son joug, de voir une phlègmasie, il voyait seulement son asthénie nerveuse : *idée mère* qui était à l'ordre du jour comme la gastro-entérite l'est aujourd'hui.

Enfin, on voit que lorsqu'une phlègmasie est cause de symptômes nerveux ou de désordres dits ataxiques, des signes annoncent son existence qui vous frapperont si vous vous donnez la peine d'interroger tous les organes souffrants l'un après l'autre, et qui vous échapperont, au contraire, si vous abordez le malade avec un esprit systématique qui vous dispose à voir le systéme et non la maladie. On verra, dis-je, que les causes, la marche de la maladie, le mode d'action des médicaments ne peuvent manquer de nous révéler le caractère de la fièvre avec ses complications. A ce fait, je vais en joindre un autre tout-à-fait semblable, dont les résultats ont été bien différents; il prouvera que, lorsqu'une phlègmasie est cause de

symptòmes ataxiques, le régime anti-phlogistique suffit le plus ordinairement pour arrêter les accidents que les stimulants réveillent au contraire, bien loin de les détruire. *Le
Traité des phlègmasies* nous en offre d'ailleurs
de nombreux exemples qui ne nous permettent pas d'en douter.

*Gastrite aiguë simulant la fièvre ataxique
continue (Phlegm. chron. t. II.).*

« M. *** âgé de quarante-huit ans, taille
moyenne, cheveux bruns, corps assez musculeux, bien développé, et médiocrement
pourvu de tissu cellulaire, doué de passions
fort vives, et très-sujet à la colère, menait
depuis quatre ans une vie fort irrégulière
sous le rapport de la nourriture. Il ne man-
geait point à des heures réglées, et la plupart de ses repas étaient des festins qui se
prolongeaient fort avant dans la nuit; il en
résultait quelquefois embarras gastriques,
mais depuis un an, plus particulièrement,
il en avait eu plusieurs atteintes que son
médecin avait toujours guéri par les éva-
cuants, les délayants et quelques toniques.

« En octobre 1807, ayant fait un grand repas, qui dura presque toute la nuit, et bu différentes espèces de vins et liqueurs, il sentit, après s'être mis au lit, beaucoup de malaise, et fut pris de vomissements préci-pités et d'une diarrhée très-abondante. Le malade avait à peine avalé ses boissons, qu'il était forcé de les rendre. Toutes ses évacua-tions se faisaient presque sans douleurs ; le pouls n'était point accéléré ni tendu. Les boissons aqueuses adoucissantes furent em-ployées. Ce *choléra* dura quatre jours en-tiers.

« Les évacuations étant cessées, la faiblesse parut extrême (antispasmodiques, toniques); mais bientôt le pouls s'éleva, il devint roide et fréquent, la peau chaude et sèche, la bouche aride, brunâtre et encroûtée. Cet état offrant l'aspect d'une fièvre adynamique, on donna l'eau vineuse; mais comme le pouls ne faiblissait pas, on n'employa pas de sti-mulants plus actifs, et au bout de trois jours le mouvement fébrile cessa et fit place à un calme assez rassurant.,

« Le médecin ordinaire, voyant son malade dans l'apyrexie, avec de l'appétit, permit des crêmes de riz aux œufs, et pensa que quelques verres de vin vieux de Bordeaux étaient indispensables pour remonter les forces abattues par des évacuations excessives. Il se crut encore obligé de procurer quelques selles avec une potion de manne et de rhubarbe, parce que la constipation avait succédé aux symptômes du choléra. Il en résulta quatre selles sans douleur, et le malade fut continué dans son régime analeptique. Deux jours se passèrent sans aucun changement; il se croyait déjà bien avancé dans sa convalescence.

« Le troisième, qui était le dixième à compter de l'invasion, fièvre vive, rougeur des yeux, délire bruyant et loquace, agitation, mouvements précipités, dans ses appartements, pour figurer avec certains personnages qu'il croit voir et entendre; inquiétudes et soupçons causés par un prétendu vol de ses effets, qui se fait en sa présence, décomposition étonnante de la physionomie.

« Ces symptômes dirigent aussitôt l'attention du médecin vers la fièvre ataxique, et le déterminent à prescrire la décoction de quinquina camphrée et les potions anti-spasmodiques, c'est-à-dire, des irritants de la classe des alcoholiques. Leur inutilité fit recourir aux synapismes appliqués aux gras des jambes. Le médecin croyait remarquer une légère modification, favorable au moment où chaque médicament était administré; mais les progrès du mal continuaient l'instant d'après, avec une effrayante rapidité, et le lendemain onzième jour, lorsque je fus appelé en consultation, j'eus sous les yeux le tableau suivant.

« Face tiraillée, yeux hagards avec la conjonctive d'un rouge foncé, regard d'un aliéné ou du dernier degré de la fièvre ataxique, teint flétri, mais d'un rouge sombre et vineux, langue nette, peau aride, collée sur les muscles, chaleur fébrile assez prononcée, pouls roide, fréquent et assez fort, constipation, suppression de toutes les excrétions; il sortait à peine quelques gouttes d'urine très-colorée, *aucune douleur gastrique ou abdominale, et nulle sensibilité à la pression.* Le mouvement fébrile et le délire, voilà les seuls troubles saillants; quant au délire, voici sa nature : Interrogé sur sa santé, M. *** disait être bien, et demandait si la table était servie; il reconnaissait ses amis et ses proches, mais il ne les entretenait que des objets fantastiques qui l'occupaient ; il se croyait entouré de gens qui le volaient ou qui se disposaient à lui nuire d'une autre manière ; il les cherchait continuellement autour de lui. Quoiqu'il eût presque toujours le visage riant, on remarquait sur ses traits décomposés l'expression du chagrin, et surtout de la défiance. Il portait souvent la main dans sa chemise ou dans son lit, et semblait jeter à terre quelque chose de fort incommode qu'il en avait ôté ; il se figurait aussi que ces mêmes choses étaient attachées à ses doigts, qu'il secouait à chaque instant pour les en détacher ; ses mains, d'ailleurs, étaient fort sèches et comme en desquammation ; la force musculaire, quoique très-diminuée, même depuis la veille, lui permettait encore de faire quelque pas ; il se maintenait droit, dans un fauteuil ou dans son lit, se retournant à chaque moment avec promptitude pour causer avec les objets de son délire ; sa voix mal articulée commençait à faiblir beaucoup, et l'on s'apercevait que les membres étaient disposés au tremblement.

« La connaissance des causes, du début, de

la marche de la maladie, et de l'influence des moyens qu'on lui avait opposés, me persuade que ces troubles nerveux étaient le simple effet de la phlogose de la muqueuse gastrique, dont les nombreuses papilles se trouvaient dans un état douloureux très-pénible pour l'économie. Je conseillai de n'employer d'autre remède que la solution de gomme adragante, édulcoré avec le sirop de limon, et de refuser toute espèce de nourriture. Mon avis fut adopté.

« Le soir il y avait diminution de la roideur du pouls ; le malade avait uriné trois fois facilement et abondamment ; l'agitation était moindre et le délire moins loquace. Pendant la nuit, légère moiteur.

« Le douze, diminution du délire, il ne roulait plus que sur l'assemblée qui aurait dû se tenir chez le malade, avec effraction et vol de ses effets. Le soir, il n'en parlait que quand on le lui rappelait ; plus d'agitation, de recherches inquiètes, ni de geste pour se défaire de quelque chose de gênant ; le pouls un peu roide, à peine fréquent, les yeux encore rouges mais non plus hagards.

« Le treize, les yeux dérougis, le teint rafraîchi, la face déridée , borborygmes, grand appétit. On accorde deux vermicelles au maigre; il n'en résulte que quelques rapports ; un peu de chaleur et de roideur dans le pouls. Nuit assez tranquille.

« Le quatorze, autre vermicelle, pris dès le matin; fréquence, chaleur, inquiétude, défiance, il revient plus souvent sur l'objet de son délire; colique , peu d'appétit. Un lavement émollient huileux provoque cinq selles, dont les premières sont solides et les autres noires et très-fétides.

« Le quinze, il prend deux coulis de farine d'avoine dont l'effet est, beaucoup de malaise, de faiblesse; la bouche est pâteuse; il parle rarement de l'objet de son délire. Le soir une pomme cuite.

« Le seixième jour, au matin, bon appétit, un coulis est pris; on croit pouvoir admettre dans le traitement quelques toniques à cause de l'état pâteux de la bouche, et du sentiment de faiblesse et de lassitude dont le malade se plaint toujours; on a adopté une tisane d'orge édulcorée, avec une once de sirop d'écorce d'orange par pinte. Aussitôt, chaleur de l'estomac et de la bouche, accélération du pouls, anxiétés, coliques; sortie d'une selle très-dure à quatre heures. La chaleur, le malaise, une soif extrême, ne laissent pas de persister. A six heures du soir, j'arrive, le malade était dégoûté des boissons gommeuses et sirupeuses; je le mets à la limonade au citron. Soulagement prodigieux; en peu d'heures le calme est rétabli, et le lendemain, appétit.

« Le dix-sept, rien de nouveau, un riz passe en causant cependant le trouble léger dont j'ai parlé plus haut; limonade.

« Le dix-huit, après un nouveau riz, agitation, fréquence, chaleur, les conjonctives rouges, retour du délire, rots continuels. Il devient enfin évident pour tous ceux qui approchent du malade, que chaque digestion lui cause des pesanteurs et des rapports, excite du plus au moins une émotion fébrile, et tend à ramener le délire. L'estomac étant donc reconnu encore trop irritable pour agir avec efficacité sur autre chose que sur les liquides, on arrête de sevrer le malade de tous les aliments nutritifs. Il reste deux jours à la limonade.

« Le calme et le bien-être qui en résultent

encouragent à essayer de satisfaire au besoin d'aliments avec du bouillon de veau.

«Ce bouillon ayant bien passé, à trois cuillerées à la fois, trois fois par jour, pendant deux jours consécutifs, et l'apyrexie continuant, on en fait de plus nourrissants.

«Celui-ci étant encore bien reçu, on propose à l'estomac de petites soupes qui sont digérées sans aucun trouble, et qui déterminent plusieurs selles bilio-sostercorales, sans fétidité ni coliques, enfin l'appétit devient énergique.

«Le vingt-deuxième jour, il ne reste que la faiblesse et des vents assez fréquents, mais intestinaux; quelques cuillerées de vin vieux de Bordeaux avec de l'eau panée ou le bouillon, ne causent aucune agitation. La convalescence paraît entière. En effet, M. *** a fini de se rétablir complètement et en peu de temps. »

Ici les causes et les symptômes, dès le début même de la maladie, nous ont révélé une irritation gastrique. En effet, les plus graves et les plus caractéristiques de cette irritation furent des vomissements et une diarrhée de même que l'impossibilité de garder les boissons les plus légères; ces accidents cessent après l'emploi de mucilagineux et de boissons aqueuses. On veut combattre la faiblesse qui en est naturellement la suite, par des toniques, on réveille l'irritation à peine éteinte. Le pouls s'élève devient dur, fréquent, la peau chaude, la langue est sèche, brunâtre et encroûtée. On cesse les toniques, on donne une légère eau vineuse et le mieux reparaît. Mais de nouveau encore on emploie une potion purgative et tonique; nouveaux accidents plus graves, symptômes nerveux, qui font soupçonner une fièvre ataxique, affection supposée contre laquelle on invoque les anti-spasmodiques et tous les stimulants, d'où résultent les symptômes les plus alarmants, le plus grand trouble dans les diverses sécrétions et dans tout le système nerveux. On change de nouveau le traitement, dès ce moment, les accidents disparaissent, la nuit qui suit le régime adoucissant est meilleure, les évacuations se rétablissent, les urines sont abondantes, une légère moiteur survient, il ne reste plus qu'un faible délire. Le 13, le 14, le 15, le mieux se soutient, mais le 16

on veut encore revenir aux toniques, aux aliments trop stimulants, de nouveaux troubles
en résultent; enfin, on les abandonne défi-
nitivement et le malade guérit.

Ainsi on voit par ce fait comme par beaucoup d'autres, qu'on trouvera consignés dans
les différents recueils de médecine pratique,
que tous les *phénomènes* fébriles qui sont
symptômatiques d'une phlègmasie locale cèdent le plus ordinairement aux adoucissants
et aux anti-phlogistiques.

Si chez le premier malade, âgé de vingt et
un ans, dont nous avons donné l'histoire,
une phlègmasie locale, une gastro-entérite eût
été la cause exclusive des désordres nerveux
comme de tous les autres phénomènes fébriles, nous aurions vu comme chez le dernier
la méthode anti-phlogistique arrêter le cours
de la fièvre au lieu de l'exaspérer, et la méthode anti-spasmodique, le quinquina ou
tous les autres médicaments stimulants réveiller l'inflammation, comme il est arrivé chez
le dernier malade. Pourquoi ont-ils donc
guéri par une méthode opposée? c'est que
chez l'un, il n'y avait point d'inflammation et

que chez l'autre il en existait une très-manifeste, que celle-ci doit être traitée par les adoucissants et l'autre par une méthode différente.

C'est parce qu'il n'y avait pas de gastro-entérite chez Eugénie, qu'elle a succombé à la méthode débilitante, et c'est parce qu'il y avait une gastro-entérite chez Beau, que les toniques ou autres stimulants l'ont tué. Ces conclusions ne sont point basées sur des hypothèses, mais sur des résultats pratiques très-ostensibles que la mauvaise foi ne pourra jamais contester avec avantage.

D'après ces faits, nous ne pensons pas que la fièvre ataxique soit dans tous les cas symptômatique de l'inflammation d'un organe, de l'exclusive irritation de la muqueuse gastrique. L'analyse des faits, surtout des deux premiers, nous prouve évidemment le contraire, de même que les deux derniers prouvent qu'une phlogose de la muqueuse gastrique peut développer des phénomènes nerveux qui simulent une fièvre ataxique. Vérité que les Browniens ont méconnue.

Fièvre dite putride ou adynamique.

Je ne parle de la fièvre dite adynamique ou putride qu'après celles que nous venons d'examiner successivement, parce que cet état adynamique ou putride survient souvent dans le cours des fièvres muqueuses, bilieuses, intermittentes, ataxiques graves, comme aussi dans celui de la fièvre jaune, du typhus, etc.

De toutes les fièvres, aucune n'a enfanté autant d'hypothèses. Ainsi les uns ont cru en voir la cause essentielle dans la putréfaction des humeurs, cette opinion est la plus ancienne; d'autres dans l'asthénie ou adynamie. Enfin, aujourd'hui on nous assure qu'elle est constamment symptômatique d'une inflammation surtout de la muqueuse gastrique ; toujours d'après l'aphorisme moderne, *que tout organe assez irrité pour provoquer la fièvre ne la détermine que par l'irritation réunie du cœur et des membranes muqueuses et que, sans l'irritation de celles-ci, point de fièvre.*

Telles sont les opinions qui ont le plus

prévalu et qui comptent encore de nombreux partisans.

L'odeur fétide des déjections, des sueurs, de l'urine et autres excrétions, la prompte décomposition des cadavres de ceux qui sont morts de cette fièvre ont donné naissance à la première opinion sur la putridité.

La débilité, la langueur, la prostration des forces surtout musculaires, la faiblesse du pouls, quelquefois sa lenteur, la stupeur, l'espèce d'insensibilité des sens, les excrétions involontaires, etc., etc. ont porté les autres à croire que cet ensemble de phénomènes dépendait exclusivement de la faiblesse ou de l'asthénie, d'où lui est venue la dénomination de fièvre asthénique selon Brown, et adynamique selon M. Pinel.

Enfin, ayant remarqué souvent des complications phlègmasiques de la muqueuse gastrique, dans le cours de cette fièvre et des traces évidentes de leur existence après la mort, M. Prost en a conclu que : *les fièvres adynamiques comme les muqueuses gastriques, ataxiques, ont leur siège dans la membrane muqueuse des intestins, qu'elles résultent des altérations diverses de cette membrane, des moyens qui les produisent et les entretiennent* (1).

M. Broussais a reproduit cette opinion en 1816, dans son examen de la doctrine médicale, en s'écriant indiscrètement : *Dans quel ouvrage a-t-on consigné que les fièvres rentreraient quelque jour dans la série des inflammations locales* (2)?

Examinons ces opinions si différentes, voyons si les auteurs n'auraient pas jugé du caractère de la fièvre dite putride, adynamique et gastro-entérite seulement, d'après quelques phénomènes ; s'ils n'auraient pas pris quelques effets pour toute la maladie elle-même, l'un ne la voyant que dans la putridité, l'autre dans la faiblesse, un troisième dans l'inflammation de la muqueuse gastrique.

---

(1) PROST, *Médecine éclairée par l'observation et l'ouverture des corps*, introduction, an 1804.

(2) Secreta, Chirac, Sylva, Marcus ont consigné les mêmes opinions dans leurs ouvrages. L'idée mère se trouve dans Botal. « Riollay, Thomassini, et Reil, n'ont-ils pas rapporté la cause de la fièvre bilieuse à une inflammation du foie et de la membrane muqueuse gastrique, etc. ? » JACQUET, thèse, juin 1817.

Aucune fièvre peut-être n'exige un examen plus scrupuleux de la nature de ses causes. C'est peut-être faute d'être remonté à la source des causes premières que l'on a si mal jugé de cette lésion, que l'on a accusé trop exclusivement tels phénomènes , tels effets d'être causes de tous les troubles observés.

D'abord nous ferons remarquer avant de rapporter des faits, que la fièvre putride ou adynamique s'observe plus particulièrement à la suite des affections plus ou moins graves soit phlègmasiques ou fébriles, soit à la suite des fièvres bilieuses, muqueuses, ataxiques, intermittentes, pernicieuses, ou à la suite de pneumonie ou de gastrite grave, ces lésions différentes y prédisposant puissamment. Ces fièvres ou lésions se compliqueront d'autant plus de cet état adynamique ou putride, que les individus seront faibles soit par leur organisation ou qu'ils auront été affaiblis antérieurement à la maladie par une nourriture malsaine, par des évacuations excessives, par des excès dans les plaisirs vénériens, par des fatigues extrêmes surtout pendant les chaleurs brûlantes de l'été, etc. Cette complication adynamique surviendra encore d'autant plus aisément que les malades atteints soit de fièvres essentielles, soit de péripneumonie ou de grandes plaies, seront exposés à l'influence de miasmes délétères, soit des effluves des marais, soit de ceux qui se dégagent d'un grand nombre d'hommes malades rassemblés dans un lieu malpropre et peu aéré, etc. Nous voyons souvent ces circonstances diverses être causes de l'adynamie. Interrogez surtout les médecins d'armée, ceux qui exercent dans les campagnes, de même que ceux de nos grands hôpitaux de Paris, tous nous confirment ce que nous avançons.

Il est donc à remarquer que rarement une fièvre adynamique est primitive et sans être compliquée ; par exemple, elle est presque constamment associée avec la fièvre ataxique, de même que celle-ci est rarement sans symptôme adynamique, pour peu surtout qu'elle passe le deuxième septenaire. On pourrait même avancer qu'aucune ne se trouve jamais sans symptômes de l'une et de l'autre, nous pourrions encore en dire autant des fièvres inter-

mittentes, pernicieuses, graves, du typhus et de
la fièvre jaune; le plus constamment des symptômes adynamiques se remarquent dans leur
cours. Il nous semble déja, d'après ce que
nous avons dit sur cet état adynamique, que
le système nerveux joue un grand rôle dans
cet ordre de fièvre et que la faiblesse, l'insensibilité ou la stupeur qu'on remarque ne
sont que des symptômes de la lésion profonde, ne sont que des effets de la souffrance
de quelque organe ou d'un système. Mais où
est la cause? quels systèmes, quels organes
sont particulièrement lésés?

Si vous interrogez Brown, il vous répon-
dra que la faiblesse seule est cause de cet
état.

M. Broussais ne verra que les symptômes
d'une gastro-entérite ou ceux d'une inflammation irritant sympatiquement la muqueuse
gastrique, car sans l'irritation de celle-ci
pas plus de fièvre adynamique que d'autres
fièvres.

M. Fournier, aujourd'hui de Pesquey, étaye
cette vérité du jour par cinquante-cinq saignées, à l'aide desquelles il a guéri une péripneumonie adynamique. *Depuis long-temps,*

dit-il (1), *J'ai acquis la preuve qu'il n'existe pas de fièvre adynamique ni ataxique;* et la preuve, *c'est qu'ayant, il y a dix-sept ans, à diriger le traitement d'une femme atteinte de phlègmasie chronique de la poitrine, je lui fis faire cinquante-cinq saignées dans l'espace de deux mois sans avoir égard à des signes d'adynamie qui faisaient condamner par d'autres le système de médication que j'avais adopté. La malade guérit et les clameurs cessèrent.* Le beau triomphe! son auteur a raison de s'en glorifier, c'est avec de telles armes qu'on bat les ennemis de la section physiologico-pathologique!

M. Montfalcon, bouillant défenseur de la section physiologico-pathologique (2), non-seulement soutient que toutes les fièvres essentielles sont des gastro-entérites, mais encore toutes les névroses. (Dict. compl. des sc. méd.)

---

(1) Journal universel des Sciences médicales, p. 98, n° 25.

(2) Heureuse dénomination trouvée par M. Fournier, pour distinguer les partisans de la nouvelle doctrine du commun des médecins.

M. Bégin (1), un peu moins laconique que M. Montfalcon qui résout une telle question en quelques lignes, s'efforce aussi de prouver que toutes les fièvres essentielles sont des gastro-entérites, dans 414 pages physiologico-pathologiques, in-8°, et nous menace de le prouver mieux encore dans un autre volume non moins épais. Quant aux faits il n'en rapporte pas, c'est sans doute par esprit de laconisme : en cela, il a suivi l'exemple qui lui a été donné dans l'examen de la doctrine médicale qui dans 500 pages n'en a fourni aucun. C'est fort bien vu, on s'épargne par-là bien des soins; c'est une terrible entreprise d'accorder des faits vrais et des systèmes vrais, s'il y en a; pour nous, nous ne réfuterons ces heureuses et fécondes conceptions que par des faits.

Pouvons-nous admettre l'asthénie ou l'adynamie comme cause suffisante de cette lésion? nous ne le pensons pas; elle peut concourir pour beaucoup au développement des divers phénomènes, mais seule elle nous paraît bien impuissante.

______

(1) Principes généraux de Physiologie pathologique, 1821.

« La faiblesse ou la diminution de l'excitation et de la sensibilité vitales, dit Hildebrand, sont rarement, ou ne sont peut-être jamais la cause, mais l'effet de la fièvre, attendu qu'on ne peut produire artificiellement aucune espèce de fièvre au moyen de la faiblesse tandis qu'on peut en produire par des stimulants. »

Pour mieux nous faire comprendre, analysons quelques causes et tâchons de nous rendre compte de leur mode d'action sur les divers organes de l'économie.

Le séjour dans les prisons, les hôpitaux, les camps, les villes assiégées, dans le voisinage des voieries, dans les salles de dissection, en un mot, dans des lieux plus ou moins étroits, dont l'air n'est pas renouvelé, ou est vicié par les émanations de matières en putréfaction, l'exposition aux effluves marécageux, surtout pendant le sommeil, les fatigues extrêmes, les veilles et études forcées, les affections morales tristes, etc. Voilà les causes les plus habituelles de la fièvre putride ou adynamique.

Comment agissent la plupart de ces causes? est-ce exclusivement en affaiblissant ou en stimulant nos organes? l'état de malaise du malade, l'irritation générale qu'il éprouve, l'agitation continuelle, surtout lors du début de l'adynamie, les soubressauts des tendons, la sensibilité plus ou moins évidente de différents organes, la chaleur générale, âpre, mordicante, la sécheresse de la peau, annoncent évidemment une irritation plutôt que l'exclusive asthénie des Browniens, mais cette irritation dépend-elle d'une phlègmasie locale, d'une gastro-entérite? je répondrai à cette question par des faits.

Il est constant que les miasmes qui s'élèvent des excrétions putrides ou des corps en putréfaction, irritent nos organes, et semblent porter leur action nuisible primitivement sur le système nerveux; ils ont quelquefois une telle action, sur tous les principes du typhus, de la fièvre jaune et de la peste, qu'ils peuvent tuer les malades dans l'espace seulement de vingt-quatre ou quarante-huit heures, comme les auteurs qui ont décrit ces lésions nous en citent des exemples; cependant, quoique les malades frappés par de tels éléments tombent dans une espèce de stupeur, il n'est pas moins évident que leur système nerveux, que leurs divers organes sont lésés, qu'ils ne sont pas seulement dans l'átonie. Il en est de même de l'action des travaux forcés de l'esprit ou du corps, qui jettent le corps dans l'abattement, dans la faiblesse. Mais quoiqu'il en soit de ce premier sentiment, interrogez les malades, ils se plaindront d'un état de souffrance générale. Il en est de même encore de la sensation douloureuse de la faim qui constamment se trouve compliquée de faiblesse; il y a, avec la faiblesse, irritation des nerfs de l'estomac. ainsi, dans les fièvres adynamiques, suite des causes que nous venons d'examiner, nous ne devons pas considérer exclusivement la faiblesse, mais l'action de la cause qui a stimulé nos organes, et chercher les moyens propres à détruire ce mode de lésion, moyens qui doivent varier suivant la nature, suivant les désordres qui existent. Cependant, quoique la cause et le mode de lésion doivent fixer particulièrement notre attention, nous ne devons pas perdre de vue la faiblesse dans laquelle ces causes ont jeté les organes ou systèmes lésés. Son influence est grande dans le cours des fièvres essentielles, comme dans celui des fièvres éruptives, dont la marche peut être troublée par une méthode trop débilitante, ou par des hémorragies ou saignées abondantes, qui ont privé la nature des moyens de rétablir les organes affectés. C'est ainsi que j'ai vu récemment chez un enfant attaqué de la variole, arrivée à sa seconde période, tous les boutons s'aplatir, devenir noirs, et une fièvre putride mortelle en être la suite, parce qu'une hémorragie nasale, très-abondante, avait épuisé le petit malade au moment où la suppuration commençait à s'établir.

Ici accuserons-nous exclusivement la faiblesse, ou l'excès d'inflammation, ou la putridité des humeurs, des fluides secrétés ou excrétés? Accuser plutôt l'un que l'autre serait une erreur ; sans la perte de sang et la faiblesse qui en a été l'effet, la fièvre sans doute ne serait pas devenue putride ou adynamique, de même, comme aussi elle ne le serait pas devenue sans inflammation varioleuse; ainsi ce n'est que par la réunion de ces deux causes qu'elle a été produite.

On voit donc par cet exemple que, ni la faiblesse, ni la putridité, ni l'inflammation

de la peau , n'ont été chacune cause exclusive de la fièvre putride , mais que chacune
y a concouru ; et on voit à combien d'erreurs
sont exposés ceux qui ne jugent des maladies
que d'après un phénomène prédominant , qui
n'embrassent pas l'ensemble des phénomènes
et n'examinent pas assez quelle peut être
leur influence l'un sur l'autre ; aussi que d'erreurs ne sont pas commises dans le cours
du traitement !

Mais après cette petite digression préli-
minaire , qui n'est pas sans quelque utilité,
puisqu'elle nous a offert les opinions princi-
pales qui divisent aujourd'hui les médecins,
voyons ce que nous diront les faits : eux
seuls doivent nous conduire sur les traces
de la vérité, s'ils ne nous la révèlent pas, on
doit moins encore espérer des hypothèses
ou suppositions.

Nous avons fait observer que la fièvre dite
adynamique ou putride succédait, dans le
plus grand nombre des cas, à une lésion
primitive, soit à une péripneumonie, soit à
une fièvre bilieuse, muqueuse, etc., si, pendant leur cours, quelque cause particulière,
qui habituellement développe cet état ady-

namique, venait agir sur le malade. Mais prouvons par des faits ce que nous venons de dire; n'oublions pas que le docteur Broussais a dit : *Je les attends pour leur répondre au lit du malade.*

Donnons l'histoire d'un catarrhe chronique, terminé par une fièvre adynamique. (Phlègm. chron., tom. I, pag. 81.)

« Melkum, jeune Hollandais, blond assez pourvu d'embonpoint, charnu, et bien développé de la poitrine, teint coloré, sensibilité modérée, avait contracté de la toux en route, il y avait déja plus d'un mois et demi, et venait de supporter l'évacuation avec mouvement rétrograde, dont j'ai parlé, lorsque je le rencontrai dans l'hôpital militaire de Bruck en Stirie.

Il était sans fièvre; son pouls, plutôt lâche que tendu, n'avait même aucune fréquence; la chaleur de la peau n'était point altérée; il ne se plaignait que d'une toux qui le fatiguait, sur-tout la nuit. Il était gai et avait bon appétit; son teint était couleur de paille.

Je le tins à l'usage des pectoraux, un peu animés par la combinaison des eaux aromatiques et de quelques gouttes de teinture d'opium le soir : au bout de sept à huit jours, il me parut en voie de guérison.

L'encombrement nous obligeait de coucher les malades deux à deux. Celui qui partageait son lit, fut tout-à-coup saisi d'une petite vérole confluente qui, en peu de jours, exhala une odeur gangréneuse. Aussitôt que j'eus un lit disponible, j'écartai Melkum de ce dangereux voisin : il était trop tard ; déja la bouche se séchait, la peau était brûlante, les forces défaillaient, et le voile de la stupeur s'étendait sur ses traits. Le septième jour, le râle survint ; Melkum expira vers le soir, ayant conservé presque jusqu'au dernier moment sa présence d'esprit, et, sentant approcher sa mort, il semblait que la réaction des derniers moments lui eut rendu cette activité de sentiment que la fièvre adynamique lui avait d'abord enlevée.

Autopsie.

Habitude. Le cadavre était d'un blanc jaune et peu sanguin, mais point amaigri ; les muscles étaient un peu décolorés et comme lavés, le tissu cellulaire un peu développé par une sérosité gélatineuse. *Poi-*

trine. Des deux côtés, la plèvre pulmonaire adhérait à la costale par des productions membraneuses et cellulaires, entre lesquelles restait beaucoup d'espace rempli par une abondante sérosité; mais les deux cavités différaient beaucoup : dans la droite, brides membraneuses très-solides, resserrées, résistantes; le parenchyme endurci dans toute sa conférence, mais seulement à un pouce de profondeur. La plèvre du lieu où le parenchyme avait le plus souffert à la partie postérieure et inférieure, présentait quelques adhérences récentes, encore sous forme d'exudation; la sérosité était citrine. Dans la cavité gauche, les productions qui formaient les adhérences étaient molles, d'un blanc jaunâtre, à cellules boursoufflées en certains lieux, et en beaucoup d'autres, purement albumineuses et inorganiques.

Le parenchyme était carnifié dans presque toute son étendue; la sérosité était épaisse et lactiforme : les autres cavités ne présentaient aucun désordre remarquable. »

Ici nous n'avons trouvé, comme l'on voit, aucune lésion phlègmasique de la muqueuse gastrique. D'après cette observation recueillie par M. Broussais lui-même, nous avons trouvé, il est vrai, une péripneumonie chronique; mais a-t-elle été la cause exclusive de la fièvre adynamique? Nous ne le pensons pas; elle y a évidemment prédisposé; il n'y a pas de doute également qu'elle n'ait aggravé l'état adynamique, mais je suis porté aussi à croire, d'après la nature des symptômes, que *l'odeur gangréneuse de son compagnon de lit* a été la puissante cause de cet état et la cause de...... *déja la bouche se séchait, la peau était brûlante, les forces musculaires défaillaient, et le voile de la stupeur couvrait ses traits.* Tout individu affaibli, surtout atteint de lésion aussi profonde, soumis à de telles causes, échappe rarement à cet ordre de fièvre. Examinez les malades soumis à de grandes opérations, qui ont de larges plaies, et placés au milieu de nombreux malades, plongés dans un air altéré par des miasmes; vous remarquerez les mêmes accidents : la plaie perdra sa couleur vermeille, la suppuration s'altérera, tous les symptômes adynamiques se développeront; et sera-ce par cinquante ou cent sangsues appliquées sur l'abdomen, que vous guérirez cette adynamie? que vous rappellerez un bon pus? que vous ferez disparaître la fétidité de toutes les excrétions? Le système du jour vous le soutiendra, mais l'expérience conseillera d'autres moyens : les décoctions de quinquina, le camphre, l'eau vineuse, les vésicatoires et autres moyens semblables; elle vous confirmera un succès plus constant par cette dernière médication que par la première. Plus les malades sont faibles de constitution ou affaiblis par des hémorragies, plus cet état adynamique se remarque.

Je pourrais citer deux autres observations semblables qui se trouvent rapportées dans le même ouvrage, et qui font suite. L'une est celle d'un nommé Janoté, atteint primitivement d'un *catarrhe chronique terminé par une fièvre adynamique*, ayant été frappé par un miasme contagieux. *Je jugeai*, dit M. Broussais, *qu'il avait reçu l'impression délétère du miasme du typhus des hopitaux.* Mort, *l'abdomen n'offre aucune lésion.* (Plèg. chron. tom. I, pag. 86.)

L'autre est celle d'un nommé Tiberge, atteint *d'un catarrhe chronique terminé par une fièvre adynamique.* Ouvert, *la ca-*

vité du péritoine sèche, cette membrane et tous les autres tissus de la même cavité dans l'état naturel. Passage rapporté textuellement des Phlègm. chron. pag. 88. Jusqu'ici nous voyons qu'il peut y avoir des fièvres adynamiques sans gastro-entérites.

Rapportons un autre fait sans complication phlègmasique, que j'ai observé à la clinique de l'Hôtel-Dieu, et que M. Jaquet a publié aussi dans sa thèse du mois de juin 1817.

Un jeune homme, âgé de seize ans, d'un tempérament lymphatique, éprouve, pendant six à sept jours des accès fébriles et des douleurs de tête, suite d'excès de travail.

Le huitième jour, il entre à l'Hôtel-Dieu, offrant les symptômes suivants : léger affaiblissement des traits, pâleur de la face, céphalalgie, langue blanchâtre tendant à se déssécher, inappétence, abdomen ni tendu ni douloureux à la pression, évacuations alvines naturelles, respiration aisée, peau sèche, mais douce, chaleur un peu plus élevée que dans l'état naturel; pouls fréquent, développé et résistant : (*saignée de bras de deux poëlettes*) le sang est séreux et point couenneux. Le soir, chaleur plus élevée, pouls plus fréquent, moins développé, plus mou. La nuit, insomnie, céphalalgie.

Le neuvième jour, décubitus en supination, traits plus affaissés ; soif, constipation, le pouls comme la veille. (*Eau de Seltz, deux bouteilles, décoction d'orge miellée. Camphre douze grains.*) Dans la journée une selle ; le soir, chaleur générale plus vive ; dans la nuit, point de sommeil.

Le dixième jour, traits encore plus affaissés, tirés en bas, œil morne, somnolence, céphalalgie, langue sèche, un peu rugueuse, sans enduit, abdomen souple et point douloureux, chaleur douce, peau moins sèche. (*Décoction d'orge et de réglisse, eau de gomme.*) Nuit assez tranquille.

Le onzième jour, mêmes symptômes ; chaleur plus élevée ; pouls plus fréquent, plus petit, plus faible. (*Bain à vingt-cinq degrés, affusions tempérées sur la face : eau de Rabel, eau de gomme, lavement avec l'eau simple.*) Dans la nuit, insomnie, sentiment de froid.

Le douzième jour, bouffissure de la face ; céphalalgie générale, très-intense ; réponses lentes, entrecoupées, ton plaintif, morosité, langue généralement sèche, rouge sur les bords, peau sèche, chaleur élevée, un peu piquante, respiration naturelle, pouls très-fréquent, petit, dépressible. (*Eau de gomme, julep béchique, sirop diacode un grain, synapisme aux mollets.*) Respiration un peu fréquente le soir, décubitus sur le côté droit.

Le treizième jour, même état, large vésicatoire entre les épaules.

Le quatorzième jour, traits affaissés, somnolence, réponses justes, lentes et difficiles à obtenir, la plupart des autres symptômes des jours précédents, mais plus adynamiques. *Calomelas quatre grains; thériaque, huit grains en quatre pilules. Fomentation sur l'abdomen avec la décoction de camomille et de vinaigre.*

Le quinzième jour, mêmes symptômes; *Eau de gomme, véronique, julep avec eau de gomme quatre gros, éther sulfurique et liq. d'Hoff. quinq. trois onces, laud. six gouttes, calomélas douze grains; vésicatoire sur le côté droit du thorax.* Le soir évacuations abondantes et involontaires dans le lit.

Le seizième jour, décubitus sur le dos; céphalalgie, assoupissement, moindres; conjonctive un peu injectée; réponses lentes; mouvements convulsifs dans les lèvres; soubresauts des tendons plus rares. Les poils du nez sont recouverts de poussière, dents sè-ches, un peu fuligineuses; langue rouge sur les bords et à la pointe, brune, sèche au milieu, soif; abdomen un peu élevé et moins souple, mais nulle part douloureux à la plus forte pression.

Le dix-septième jour, mêmes symptômes, langue moins sèche, plus molle. *Calomélas douze grains, musc dix-huit grains, eau de Seltz, décoction d'orge.* Le soir délire obscur, propos sans suite.

Le dix-huitième jour, stupeur; langue sè-che et brune, sans enduit. Respiration gênée; toux convulsive par accès et sans expectora-tion, pouls plus fréquent, plus faible, inégal. *Calomélas douze grains, camphre id., lave-ments.*

Le dix-neuvième jour, mêmes symptômes : lèvres et dents fuligineuses, prononciation embarrassée; abdomen souple, pourtant un peu météorisé, sensibilité légère de l'épigas-tre. *Eau de Seltz; décoction blanche, eau de gomme; julep béchique avec éther, trois onces, et laudanum six gouttes.*

Les vingt et vingt-et-unième jours, mêmes

symptômes. *Infusion de fleurs de tilleul, large vésicatoire sur le vertex.*

Le vingt-deuxième jour, stupeur ; prononciation plus distincte, réponses justes. Selles involontaires, respiration un peu plus fréquente. *Pilules avec le camphre douze grains, extrait de quinquina un scrupule, infusion de tilleul et de feuille d'oranger. Eau de Seltz.* Dans la nuit, agitation, délire, vociférations.

Le vingt-troisième jour, décubitus sur le dos, incohérence dans les idées, illusions d'imagination ; épigastre douloureux. *Eau de Seltz. Julep béchique. Fomentations sur l'abdomen avec l'infusion de camomille.*

Le vingt-quatrième jour, stupeur, pâleur de la face ; respiration fréquente, haute, suspirieuse, pouls misérable. *Même prescription; six bouillons dans la journée.*

Les vingt-cinquième et vingt-sixième jour, mêmes symptômes. *Julep avec extrait de quinquina un scrupule, sirop diacode trois gros.*

Le vingt-septième jour, stupeur moins marquée, point de céphalalgie, intégrité des facultés intellectuelles; pupilles dilatées, visage moins bouffi, langue humide, nette, dents fuligineuses, épigastre douloureux, escarre sur le trochanter droit. *Julep avec extrait de quinquina un gros, et éther douze gouttes.*

Le vingt-huitième jour, état encore un peu. plus satisfaisant. *Méme prescription, bouillon de riz.*

Le vingt-neuvième jour, traits moins affaissés; *facies* plus naturels, toux légère, sans expectoration; pouls un peu moins faible.

Le trentième jour, l'état du malade est moins satisfaisant. *Vin de quinquina, quatre onces, julep anti-spasmodique avec éther, un gros, décoction blanche.*

Le trente-et-unième jour, regard bon, *facies* presque naturels; pouls encore un peu fréquent, mais moins petit et moins faible, respiration naturelle; épigastre et hypocondre droit douloureux à la pression, mais souple; abdomen ni tendu ni douloureux; évacuations alvines involontaires.

On supprime le vin de quinquina et on ajoute au julep un scrupule d'extrait de quinquina.

Les trente-deuxième, trente-troisième, trente-quatrième jours, mêmes symptômes.

Le trente-cinquième jour, stupeur ; décubitus sur le dos ; rougeur plaquée sur la pommette gauche ; dents sèches et fuligineuses, langue sèche et rugueuse au milieu, humide sur les bords ; point de soif, abdomen souple point douloureux, évacuations alvines, peu abondantes ; respiration élevée ; pouls fréquent misérable. Même prescription.

Le trente-sixième jour, mêmes symptômes.

Le trente-septième jour, abcès gangréneux au sacrum, qui, les jours suivants, sont recouverts d'escarres. *Julep avec extrait de quinquina trois gros.*

Le trente-neuvième jour, ulcères résultant de la chute des escarres : l'un sur le grand trochanter, laissant voir à nu l'aponévrose fascialata ; l'autre sur le sacrum ; abcès considérable dans le tissu cellulaire sous-cutané. *Décoction de quinquina, julep tonique avec confection d'hyacinthe et extrait de quinquina, vin de quinquina quatre onces.* Les jours suivants, fièvre hectique, dépérissement rapide, adynamie.

Le quarante-troisième jour, mort.

Ouverture du cadavre.

La substance du cerveau et de ses membranes dans l'état le plus sain. Poumon sain ainsi que ses enveloppes, seulement à-peuprès un verre de sérosité citrine et dans laquelle on ne découvre aucun flocon albumineux. La membrane muqueuse de l'estomac offre la coloration de l'état sain. Les follicules muqueux du duodenum paraissent assez saillants et développés. Le reste du conduit digestif est sain, ainsi que les autres viscères du basventre.

Qu'avons - nous observé chez ce jeune homme ?

Un trouble évident de toute l'économie, une irritation générale du système vasculaire sanguin et du système nerveux ; aucun symptôme qui puisse nous porter à accuser une phlègmasie locale d'être cause de tous les phénomènes observés, pendant le cours de cette fièvre ; et, non-seulement aucun phénomène ne nous l'a révélé, mais encore l'autopsie a évidemment prouvé le contraire. L'affection a duré trop long-temps pour croire que ses traces aient pu disparaître après la mort, comme on le remarque à la suite des phlègmasies violentes qui font périr les malades dans les premiers jours de leur existence, et comme l'ont prouvé, par des faits incontestables , Morgagni , Bichat et beaucoup d'autres médecins non moins illustres ; mais on n'a jamais vu une lésion phlègmasique , assez violente pour occasionner les désordres observés , durer quarante-trois jours, et ne laisser après la mort aucune trace de sa présence. Tout n'a-t-il pas signalé l'existence d'une lésion générale.

Le huitième jour de sa maladie, lors de son entrée à l'Hôtel-Dieu, attitude de souffrance de tous les systêmes. Tous les organes interrogés n'expriment pas que l'un souffre plus que l'autre. Une saignée faite pour calmer l'irritation générale, n'est suivie d'aucun soulagement ; le sang tiré est assez chargé de sérosité. Le lendemain, les symptômes avant-coureurs de l'adynamie se prononcent davantage, la chaleur fébrile parait plus grande, la langue est plus sèche, l'insomnie et la céphalgie sont plutôt augmentées que diminuées.

Le dixième et onzième jour, on tient le

malade au régime adoucissant, on donne un
un bain qui semble apporter un peu de
calme, mais ce calme ne se soutient pas aussi
bien que le onzième.

Du douzième au vingt-quatrième jour, on
donne presque constamment les toniques et
les anti-spasmodiques les plus puissants,
seulement on a essayé, le douze, le treize et
le vingt-trois, les adoucissants; mais chaque
fois on a été obligé, comme on l'a vu, de
les abandonner, les accidents adynamiques
devenant plus menaçants.

Enfin, du vingt-quatrième au vingt-neuvième jour, on donne constamment les stimulants les plus actifs, et le malade semble
éprouver un peu de mieux; mais le trente-
unième jour, ce mieux ne se soutient pas,
des escarres assez larges se remarquent et
aggravent l'adynamie; le trente-neuvième,
elles tombent, un pus fétide, abondant s'en
écoule; et le malheureux succombe au quarante-troisième jour de sa maladie. L'ouverture faite en présence de M. Récamier, de nombreux élèves de l'Hôtel-Dieu, et des partisans
de M. Broussais, nous n'avons remarqué tous,
comme on l'a vu, aucune gastro-entérite,

ni péripneumonie, ni autre lésion phlegmasique qui pût nous porter à considérer cette
fièvre comme symptômatique d'une phlegmasie gastrique ou de celle d'un autre viscère. Si une telle lésion eût existé, assez de
stimulants ont été employés pour la porter
au plus haut degré comme nous l'avons observé, chez M. Beau, chez M. ***, comme
nous le verrons plus bas chez Sauriot.

Accuserons-nous exclusivement la faiblesse,
l'asthénie ou l'adynamie, d'être cause de tous
les phénomènes fébriles observés pendant le
cours de la maladie? Nous ne le pensons pas
non plus. L'état de souffrance exprimé par
les divers organes ou systêmes, ne peut
permettre d'accuser une telle cause : la faiblesse n'était évidemment qu'un symptôme
qui a pu, seulement, aggraver le danger. De
tous les systêmes, celui qu'on pourrait plus
particulièrement soupçonner d'avoir été lésé,
c'est le systême nerveux. Mais son mode de
lésion consistait-il dans l'insensibilité comme
le suppose M. Pinel, qui a avancé que *les
fièvres adynamiques consistent dans une diminution de la sensibilité générale et dans
un état d'atonie dont semblent frappés les*

fibres musculaires. Mais nous ne voyons là encore qu'un des phénomènes et non toute la maladie. Ce qui nous a paru de plus évident ici, comme chez les autres malades, c'est que la sensibilité a été lésée. Quelle a été la cause de cette lésion? serait-ce l'excès de travail, suivi de courbature, qui aurait irrité généralement? on pourrait le croire, mais non l'affirmer. Cependant quoiqu'il y ait des fièvres graves dont les causes nous échappent, l'ensemble des phénomènes nous révèle souvent l'organe ou le système particulièrement lésé; et chez un jeune homme, tout a évidemment démontré que le système nerveux était souffrant, et sans l'escarre gangréneuse survenue dans les derniers temps, peut-être aurait-on pu se flatter de sauver ce malade.

Mais poursuivons l'analyse des faits. Nous allons en rapporter deux autres qui, mis en parallèle, nous démontreront, le premier, que lorsqu'une fièvre adynamique n'est pas symptômatique d'une gastro-entérite ou d'une autre phlegmasie, l'on peut employer avec succès les toniques les plus puissants; et le second, que lorsqu'une gastro-

entérite est cause des symptômes adynamiques, les plus légers stimulants exaspèrent
les accidents.

« Un jeune soldat de la grande armée d'Allemagne (1809), âgé d'environ vingt-un ans,
d'une taille avantageuse et d'une grosseur
proportionnée, d'un tempérament lymphatique, ayant la peau blanche et le tissu cellulaire assez abondant, fut apporté à l'hôpital militaire de Krems, où j'étais chargé
d'un service médical.

« Le temps était pluvieux et froid depuis
plus d'un mois. Les troupes avaient fréquemment bivouaqué et ressenti de grandes fatigues. Je ne pus savoir depuis quand ce militaire était malade, ni ce qu'on lui avait
fait ; on me dit seulement que ses camarades
qui l'avaient apporté, le croyaient affecté
depuis dix jours, ce qui me parut assez pro-
bable, d'après l'état où il se trouvait.

« A ma première visite, il était couché en
supination, ne faisant aucun mouvement,
ayant la bouche béante et enduite, dans
toute son étendue, d'une couche épaisse de
fuliginosité. La langue n'était pas très-sèche,
et la peau plutôt froide que chaude, cou-

verte de pétéchies lenticulaires, d'un rouge foncé ou violacé. Le pouls, à peine sensible, était lent, et intermittent. La respiration extrêmement faible et rare ; légers soubresauts dans les tendons.

« La gravité de cette maladie ne me promettait guère d'espérer la guérison de ce militaire, que je soumis néanmoins à l'usage des toniques, tant internes qu'externes. Ma première prescription fut une forte décoction de quinquina et une infusion de serpentaire de Virginie, pour boissons ordinaires. Dans chacune de ces boissons, je fis entrer une once d'acétate d'ammoniaque liquide : de plus, j'ordonnai quelques petites doses de vin pur, deux potions anti-septiques du formulaire des hôpitaux militaires, avec addition de trois gros d'acétate d'ammoniaque, un demi-gros d'éther, et quatorze gouttes d'alcohol camphré ; deux sinapismes aux pieds, et des frictions camphrées le long de la colonne vertébrale.

« Le soir, il était à-peu-près dans le même état que le matin ; on avait cependant observé que la contractilité musculaire se rétablissait un peu.

« Le lendemain, mieux sensible, .et néanmoins, le malade ne parlait point encore;
mais il voyait ceux qui l'entouraient, et faisait des mouvements pour prendre les boissons. Le pouls était relevé, et la respiration
était moins lente; il paraissait avoir peu de
soif; les sinapismes avaient opéré une légère
rougeur de la peau. (Traitement : mêmes
boissons, augmentation de l'acétate d'ammoniaque, dont la dose est portée à trois
onces et demie. Nouveaux sinapismes, deux
vésicatoires aux jambes.)

« Le troisième jour de son entrée, treizième
supposé de la maladie, ce soldat était beaucoup mieux; la bouche ne restait plus
béante, l'enduit fuligineux s'humectait, et
le bout de la langue commençait déjà à être
propre. Le pouls était plus élevé, plus ferme,
plus égal que les jours précédents; mais il
était encore facile à déprimer. La peau était
un peu plus chaude, et les pétéchies d'un
rouge plus éclatant. Les vésicatoires n'a-
vaient produit presque aucun résultat, tandis que les sinapismes avait rougi assez fortement la peau. (Même traitement.)

« Le quatrième jour, tout était dans le meilleur

état; la bouche se nettoyait de plus en plus, les pétéchies disparaissaient insensiblement, le pouls se remontait, la respiration était moins rare, et la chaleur de la peau , naturelle; le malade articulait facilement. (Traitement: on diminue la dose de l'acétate d'ammoniaque, on supprime une potion anti-septique et tous les excitants externes. Les derniers vésicatoires avaient déterminé la formation de deux petites cloches.)

« Du cinquième au septième jour de l'entrée du malade à l'hôpital, quinzième au dix-septième supposé de la maladie, selles assez abondantes mucoso-putrides, qui procurent un peu de faiblesse.

« Depuis lors, retour graduel des forces, disparition entière des pétéchies et de l'enduit fuligineux de la langue. (On diminue beaucoup les doses des médicaments.)

« Dixième jour de son entrée à l'hôpital, le malade entre en convalescence. Il désire les aliments; on lui accorde du riz matin et soir.

« Quinzième jour, le mieux continue; quart de portion de pain , décoction de quinquina et du vin.

« Le trentième jour de son entrée, il sort de l'hôpital et va rejoindre son régiment (1). »

Ici pouvons-nous accuser une gastro-entérite d'être cause de cette fièvre dite adynamique ou putride? L'action prompte des agents médicamenteux, la disparition de tous les accidents à l'aide des toniques, du quinquina, s'élèvent contre cette supposition, et si cette cause existait réellement, les résultats obtenus par la médication stimulante, ne prouveraient pas aux partisans de la nouvelle doctrine et à son auteur, que les stimulants , les toniques fussent aussi constamment funestes qu'on nous les peint dans de telles fièvres. Mais ici, on ne peut même soupçonner une semblable cause : car une phlogose gastrique assez violente pour déterminer des accidents aussi graves, n'auraient pas cédé en quelques jours aux toniques, nous n'aurions pas vu le malade hors de danger, après cinq jours d'une telle médication. Les observations de Beau, de M. *** vous ont déja prouvé com-

---

(1) Observation de M. Vignes, rapportée par M. Laoque , dans son examen sur la nouvelle doctrine.

bien les toniques exaspéraient les phénomènes ataxiques exclusivement symptômatiques d'une gastro-entérite. Nous allons
donner un autre fait qui ne fera que mieux
ressortir cette vérité pratique, et qui, en
nous démontrant encore qu'une lésion profonde, même phlegmasique, peut occasionner un état adynamique, nous prouvera,
lorsque ce dit état n'est que symptômatique
d'une lésion phlegmasique, avec quelle facilité et quelle promptitude les symptômes
ataxiques et adynamiques cèdent aux anti-
phlogistiques. Ce fait prouvera encore ce que
j'ai avancé, que l'adynamie succède le plus
constamment à des lésions profondes, graves,
et que l'état adynamique survient d'autant
plus aisément que les organes ou les systêmes affectés jouent un plus grand rôle dans
l'économie, qu'ils ont de plus nombreuses
relations sympatiques, qu'ils sont en un mot
doués de plus d'irritabilité; voilà pourquoi
les lésions du système nerveux produites
soit idiopatiquement ou sympatiquement,
celles par exemple du poumon, et sur-tout
celles du système gastrique, développent des
symptômes adynamiques d'autant plus graves
que les individus seront faibles ou affaiblis

avant ou pendant le cours de ces lésions, et qu'ils seront exposés à l'influence des miasmes delétères.

Gastrite aigue simulant la fièvre ataxique ady-namique, (phlegmasies, chroniques, tom. i.)

« Sauriot, âgé de vingt-huit ans, châtain, grand, structure régulière, dégagée, muscles médiocres et mous, tomba malade, le 23 juillet, à Udine, dans le temps des plus grandes chaleurs. Il entra dans une de mes salles, le 28, cinquième jour de sa maladie. Dès l'abord, j'observai pâleur cadavéreuse, débilité prodigieuse; on le voyait étendu dans son lit, immobile, les yeux fermés, les membres écartés et à l'abandon, comme ceux d'un cadavre. Cet affaissement était interrompu de temps à autre par des plaintes inarticulées et des contorsions du tronc. *Il changeait de position chaque fois qu'on voulait le faire parler.* Il ne pouvait articuler une seule parole; il ouvrait les yeux d'un air souffrant et distrait, et les ouvrait comme un moribond. Quoiqu'il donnât peu de preuves qu'il entendît les questions, il indiquait, par ses gestes et par quelques monosyllabes, l'épigastre et toute la partie supérieure du ventre, comme le siége de ses souffrances. Il repoussait tout ce qu'on lui présentait, soit par le geste, soit en serrant les dents. Si on parvenait à lui faire avaler quelque chose, il le vomissait incontinent. Constipation opiniâtre.

« Du reste ses membres étaient froids, quoique son corps fut encore assez chaud. Le pouls était petit et lent. *La teinte rougeâtre* mêlée de brun n'existait pas. On était plutôt frappé d'une pâleur plombée et jaunâtre très-rapprochée de celle des cadavres. Aucune fétidité dans les excrétions. La saison, l'épidémie, les refus obstinés de l'estomac qui ne pouvait plus rien garder, la froideur, l'anxiété, l'affectation d'étendre les bras et de se couvrir la poitrine, les contorsions du tronc et l'indication qu'on obtenait par le geste, tout cela me fournit des matériaux pour mon diagnostic; je repoussai l'idée d'une fièvre adynamique et n'accusai plus que la sensibilité outrée du centre épigastrique, occasionée par la phlogose de la membrane muqueuse de l'estomac. Mon parti fut bientôt pris : je ne prescrivis d'autres médicaments que la solution gommeuse acidulée avec l'acide citrique et le lait de poule pour aliment. Je continuai ainsi pendant six jours. Le malade allait mieux, à en juger par le changement de la coloration qui paraissait tirer vers ce qu'on appelle blanc de chair et par la suppression des vomissements. Il répondait aussi par des phrases courtes, s'agitait moins. L'affaiblissement continuait, il sentait des besoins; et le pouls, ainsi que la chaleur, avait gagné chaque jour quelque chose. Je substituai pour un jour l'hydromel à la solution de gomme arabique; il en résulta plusieurs selles à crottins.

« Dès-lors tout alla de mieux en mieux, le teint continua de se nuancer favorablement, le malade se réveilla et commença à témoigner quelque désir des aliments. Bouillie au lait. Retour aux solutions gommeuses, point encore de vin; peu après, j'aromatisai légèrement ses boissons : il ne s'en trouva pas plus mal; les forces continuaient de se montrer.

« Telle était la situation de *Sauriot*, le seizième jour de sa maladie; il pouvait passer pour convalescent. Pendant que je le conduisais aux aliments ordinaires aux personnes en santé, il éprouva une espèce de rechute que

j'attribuai à l'usage trop prompt de la viande.
Cet accident, ce mouvement fébrile, accompagné de dégoût, de colique et de vents,
céda le jour suivant à la diminution des aliments et à un régime végétal sans purgatif.
Sauriot continua de prendre des forces. Il fut
conduit à une parfaite guérison, et sortit le
trente-neuvième jour, à compter de l'invasion.»

On juge d'après ce fait que les phénomènes
dits adynamiques sont l'effet d'une lésion profonde, qu'ils sont évidemment symptômatiques d'une phlegmasie locale : on voit que
lorsqu'une telle lésion est cause des phénomènes dits adynamiques, des symptômes évidents nous la décèlent; que les toniques, loin
de calmer les accidents ataxiques ou adynamiques les exaspèrent, comme nous l'avons
vu chez Beau. Enfin, on voit que les mucilagineux ou les adoucissants suffisent pour arrêter les accidents, lorsque l'inflammation d'un
viscère en est la cause exclusive, comme le
prouve encore l'observation de M***.

Je dis lorsqu'une phlegmasie en est la cause
exclusive, car nous voyons tous les jours des
fièvres intermittentes, ataxiques, adynamiques,
le typhus etc., être compliquées de gastro-

entérites ou de l'inflammation de tout autre viscère, et les anti-phlogistiques, les mucilagineux être utiles à la complication et rester sans effet contre l'affection essentielle. Ce sont même ces fréquentes complications, observées pendant le cours de ces fièvres, qui donnent tant de crédit aux raisons spécieuses du docteur Broussais ; mais l'expérience, mais une scrupuleuse observation nous apprennent que ces complications ne sont pas toute la maladie, qu'elles la compliquent bien, il est vrai, qu'elles rendent même l'affection fébrile, de quelque genre qu'elle soit, plus grave et même souvent mortelle : ce sont surtout ces complications qui laissent des traces de leur existence et que l'on considère aujourd'hui comme cause de toutes les fièvres ataxiques, adynamiques, intermittentes, du typhus et même de la fièvre jaune. Puisque « *quand bien même*, nous affirme-t-on, *il pénétrerait, le miasme du typhus, par l'absorption cutanée, il ne produirait point la fièvre sans que le principal point d'irritation ne se trouvât dans les membranes muqueuses.* Et comment le prouve-t-on ? *Croyez-moi sur parole.* Si vous parlez au nom de la nature qui s'est manifestée à vous, c'est sans doute par des faits concluants et décisifs ; où sont-ils ces faits?

Si l'on se fut contenté de dire que ce sont ces complications qui rendent ces lésions fébriles plus graves, qui, compliquant la maladie essentielle, rendent les toniques dangereux, employés indistinctement dans tous les cas, comme les Browniens, on aurait avancé une grande vérité pratique, on aurait rappelé l'attention sur les lésions locales, sur les complications ; point de médecine pratique dont on a été distrait par suite de la funeste influence du système de Brown, de même qu'aujourd'hui, le système nouveau ne voit plus que les complications phlègmasiques, des altérations organiques et distrait l'attention des lésions générales et vitales.

En effet, si une fièvre ataxique est compliquée d'une inflammation de la muqueuse gastrique et que vous donniez les toniques, le quinquina, par exemple, pour combattre cette lésion fébrile, si la phlogose est un peu vive et surtout si elle est aigue, vous agravez la complication, vous accroissez le trouble nerveux, puisqu'une phlogose gastrique seule, sans autre cause peut, si elle est surtout stimulée par des toniques, développer des phénomènes ataxiques ou adynamiques comme nous venons de le voir chez Sauriot. Ensuite si vous n'employez que la méthode anti-phlogistique, les désordres ataxiques essentiels indépendants de la complication, s'aggravent souvent faute de ne pouvoir les combattre par les moyens convenables. Ce sont ces circonstances qui rendent ces complications si graves et souvent mortelles, et ce sont souvent elles seules qui, je le répète, laissent des traces de leur présence. D'où les systématiques du jour concluent que *toutes les fièvres essentielles sont symptômatiques d'une gastro-entérite et que toutes doivent rentrer dans la série des phlègmasies locales.* (*Examen. préface.*)

Considérer ces complications phlègmasiques comme causes exclusives de tous les phénomènes morbifiques observés dans les fièvres ci-dessus, voir en elles toute la maladie, considérer tous ces phénomènes, dis-je, comme symptômatiques d'une gasto-entérite est aussi absurde qu'il le serait de considérer tous les phénomènes observés pendant la petite vérole, la scarlatine, la rougeole, etc. comme symptômatiques d'une telle lésion. C'est aussi absurde qu'il le serait de nier leur existence,

parce qu'il serait survenu pendant le cours
de ces fièvres éruptives une inflammation de
la muqueuse gastrique, dont on aurait trouvé
des traces après la mort.

Enfin nous allons rapporter un dernier
fait de fièvre intermittente compliquée d'adynamie qui prouvera encore qu'une telle fièvre peut exister sans lésion phlègmasique de
la muqueuse gastrique, cette observation est
rapportée par M. Pinel, dans sa nosographie,
et tirée de la pratique de M. Bayle, praticien
célèbre que la mort nous a ravi il y a quelques années..

« Un fondeur, âgé de soixante ans, d'un
tempérament sanguin, d'une forte constitution, était malade depuis six semaines, lorsqu'il entra à la Charité, le 22 vendémiaire,
an XIV (1805). Il avait une fièvre avec frisson,
chaleur et sueur ; les accès ne commençaient
pas toujours par les mêmes endroits du corps,
et l'époque de leur retour n'était pas fixée ;
le type était tantôt quarte, tantôt tierce, et
quelquefois quotidien ; les accès ne se correspondaient point. D'ailleurs le pouls était peu
altéré, l'appétit médiocre, la langue nette,
le ventre souple, sans tumeur à l'hypocondre

13

gauche; les évacuations alvines étaient presque naturelles.

« Les mois de vendémiaire et brumaire se
passèrent à peu près dans le même état. Les
tisanes et les apozèmes amers ne produisaient
pas d'amélioration; il survint en frimaire
quelques accès réglés en quarte, mais très-
violents. Durant les accès, le pouls était fréquent, la langue brunâtre et sèche; la sueur
qui les terminait était peu abondante, les
traits qui étaient affaissés pendant l'accès con-
servaient un peu cet affaissement le lendemain
quoique le pouls n'offrît aucune fréquence.

Enfin, le jour qui précédait le nouvel accès était marqué par l'apyrexie complète et
les apparences d'une assez bonne santé; la
langue était nette, la couche fuligineuse dis-
paraissait complètement, le pouls était sans
fréquence, la peau n'était plus sèche et l'appétit revenait. Le quatrième jour étant arrivé,
nouvel accès adynamique. Le kina en substance
fut donné à six gros, mais sans effet. Dans les
jours suivants (au mois de nivôse), on le
donna encore à plus haute dose et on pres-
crivait en même temps une potion anti-spasmodique camphrée; cependant la marche de

la fièvre ne changeait pas. Au commencement de janvier, cette maladie s'aggrava de nouveau.

Etat du 4 janvier, au milieu de l'accès : coucher en supination, face décomposée, yeux presque éteints, langue sèche, âpre, brune, couverte d'une couche fuligineuse, parole très-diffuse, tous les sens très-obtus ; peau très-chaude, avec chaleur âcre et très-sèche ; respiration fréquente, courte, égale, ventre gonflé, membres écartés ; pouls fréquent et assez développé, présentant un peu de mollesse.

« Le 5 janvier, nulle fréquence du pouls, la langue humide, offrant à peine quelques traces de couleur fuligineuse ; fatigue très-notable, un peu d'appétit. Ventre très-souple, sans tumeur sensible aux hypocondres. Le 6 janvier, langue très-nette, appétit, peu de fatigue, peau bien souple, face d'un jaune particulier aux sujets affectés de fièvres intermittentes. Le 7 janvier, nouvel accès, mais plus violent que celui du 4, offrant d'ailleurs les mêmes symptômes. Le huit, même état que le 5, mais plus d'abattement. Le 9, langue nette, pouls sans fréquence, un peu d'appétit. Le 10, accès très-violent. Le 11, grand accablement par la fatigue excessive, nulle fréquence du pouls; langue humide, mais recouverte d'une ligne fuligineuse vers le côté gauche.

Le 12, toute la langue bien nette, un peu de fatigue universelle, yeux éteints. Il mourut, ou plutôt il s'éteignit, le 16 au soir. Jusqu'à la fin, on continua le kina à haute dose et sous diverses formes, de même que les anti-spasmodiques.

A l'ouverture cadavérique, tout était fort sain *dans le crâne;* il y avait une assez grande quantité de sérosité sous la pie-mère, et peu dans les ventricules latéraux. Les poumons étaient sains, très-crépitants, et ils n'adhéraient aux parties contiguës que par quelques lames cellulaires assez lâches. *Le cœur* était très-flasque, presque tout-à-fait vidé de sang et fort sain d'ailleurs. Il y avait très-peu de sang dans les gros vaisseaux et il n'était pas coagulé. *Le foie* était sain, non gorgé de sang; la vésicule biliaire, un peu flasque, aussi grosse qu'un œuf de poule et contenait une bile jaune. *La rate* avait à-peu-près son volume ordinaire, sa couleur était d'un rouge brûnâtre et noirâtre ; sa consistance était un peu plus ferme qu'à l'ordinaire ; entre sa tunique péritonéale et sa tunique propre elle contenait à son bord inférieur un kiste de la grosseur d'une noisette, rempli d'une matière analogue au plâtre bien humecté et dont les parois étaient osseuses du côté de la rate et membraneuse du côté opposé. *L'estomac* contenait une assez grande quantité de liquide jaune ; du reste il était sain, ainsi que les intestins. Le mésentère et l'épiploon n'offraient aucun vestige de graisse.

Les organes urinaires étaient sains, les muscles de la commotion étaient un peu poisseux, quoique d'un rouge un peu foncé. (*Fait rapporte dans la nosographie philosophique*, tom. I.)

Je viens de rapporter l'histoire d'une fièvre intermittente qui prouve ce que j'ai déja avancé dans mes reflexions premières sur l'adynamie, que souvent cet ordre de fièvre était consécutif aux autres ordres, que cet état adynamique survenait le plus ordinairement lorsque les malades étaient dans des lieux dont l'air est plus ou moins altéré, qu'ils étaient affaiblis par une maladie et par un traitement débilitant. La légère altération de la rate semblerait prouver aussi, que toutes les fois qu'une altération organique complique une fièvre intermittente ou même en est cause, le quinquina est sans action et constamment nuisible. Je dis *semblerait*, car ici la lésion de la rate était trop peu considérable pour que nous puissions affirmer qu'elle ait été, pendant plusieurs mois, la cause exclusive de la persévérance de la fièvre intermittente. Enfin cette observation prouve sur - tout qu'une fièvre adynamique peut exister sans lésion phlegmasque de la muqueuse gastrique, les stimulants ont été assez employés dans les derniers jours, pour qu'ils aient pu, si une telle lésion gastrique eût été la cause de l'adynamie et de la mort, porter la phlegmasie a un tel degré qu'on eût trouvé des traces; mais M. Bayle, médecin, connu par son exactitude extrême, n'en a trouvé aucune trace.

Enfin, je donnerai encore l'extrait d'un fait contre cette féconde gastro-entérite, à laquelle la nouvelle doctrine accorde une

si puissante influence de trouble et de désordre. Ce fait est celui d'un homme mort
de fièvre, dite ataxo-adynamique, contre
laquelle on avait employé inutilement, 1º les
anti-phlogistiques; 2º les stimulants les plus
variés. Ouvert, on interroge le cerveau,
les poumons, le cœur, les gros vaisseaux,
tous les viscères renfermés dans la cavité abdominale et aucune lésion ne se remarque;
mais M. Lallemand, un des élèves les plus
distingués qui soient sortis de l'Hôtel-Dieu,
aujourd'hui professeur de clinique-chirur-
gicale à Montpellier, s'étant aperçu pendant
le cours de la maladie que le malheureux
qui fait le sujet de cette observation se
plaignait de douleurs dans une des cuisses,
et que dans l'adynamie la plus prononcée
il contractait ce membre comme machina-
lement, disséqua les nerfs de la cuisse
jusqu'à leur sortie du bassin. Arrivé à un
pouce environ au-dessous de la grande
échancrure sciatique, il trouve un gonflement considérable du nerf crural, il l'ouvre,
il s'en écoule un peu de pus, et l'inspec-
tion la plus scrupuleuse lui démontre évidemment qu'il avait été le siége d'une in-

flammation. Ainsi nous voyons encore d'après ce fait que je regrette de ne pouvoir rapporter dans tous ses détails, M. Lallemand ne m'en ayant rendu compte que verbalement, lors de son dernier voyage à Paris, qu'une irritation nerveuse, très-vive et prolongée, peut developper des symptômes ataxiques et adynamiques des plus caractérisés. Il est évident ici que la lésion d'un nerf aussi considérable a été cause de la fièvre, et de la mort du malade : le trouble général des fonctions, la durée de la souffrance, ont pu concourir à jeter les organes dans l'adynamie; mais les symptômes de faiblesse, d'adynamie, ne sont ici encore que des effets et non la cause de la maladie.

D'après les notions que nous ont fournies tous les faits que nous avons analysés successivement, de même que beaucoup d'autres que nous avons interrogés et que nous regrettons de ne pouvoir rapporter ici, vu le nombre de ceux que nous avons déjà cités, nous sommes portés à considérer l'adynamie non-exclusivement symptômatique de l'asthénie de Brown, ni le résultat exclusif *de la diminution de la sensibilité et de l'état d'atonie*

dont semblent frappées les fibres musculai-
res, suivant M. Pinel, et ni exclusivement
symptómatique d'une gastro-entérite, selon
M. Broussais, mais déterminée par des lésions graves, partielles ou générales de tel
système ou de tel organe, et d'autant plus
que ces lésions se trouvent dans des tissus
doués de plus d'irritabilité et qu'ils ont
de nombreuses relations sympathiques. C'est
ainsi que nous voyons la fièvre, dite adynamique, être consécutive aux fièvres essentielles graves, être compagnes assez fidèles
de la fièvre ataxique, des fièvres intermittentes
pernicieuses, du typhus, de la fièvre jaune,
de la pustule maligne, de la morsure de la
vipère, d'une gastro - entérite, d'une perip-
neumonie, d'une blessure profonde, de grandes plaies, suite de grandes opérations, qui
ont affaibli et irrité les malades, etc : cet
état adynamique survient d'autant plus aisément à la suite de ces lésions si variées,
que les malades se trouvent dans un milieu
dont l'air est altéré par des miasmes putrides ou contagieux, qu'ils sont soumis à
une mauvaise médication ou trop stimulés,
ou affaiblis par des hémorragies ou des saignées trop copieuses, etc, etc. De même la

putridité, considérée par les humoristes comme cause exclusive de cette espèce de fièvre, dite putride ou adynamique, n'est pas moins hypothétique que les autres opinions que nous venons de réfuter successivement ; car non-seulement elle paraît presque constamment consécutive à une lésion profonde de quelque organe ou système ; mais encore elle est plus apparente que réelle dans beaucoup de cas. Mais quoiqu'elle soit consécutive, devons-nous négliger l'influence de cette altération des fluides ? Non, sans doute, cette altération est quelquefois telle, qu'elle doit éveiller toute notre attention et nous porter à diriger tous nos moyens pour remédier à cette espèce de décomposition des fluides, qui devient une source de désordres dans l'économie qui agit à son tour sur les solides, les irrite, et peut devenir cause aussi de gangrènes partielles.

Quelles sont les causes de cette altération des fluides ? les causes premières de cette espèce de fièvre, les miasmes putrides, de même que leur mauvaise élaboration pendant le cours de la maladie ; car l'état de souffrance, d'irritation des principaux systèmes et organes de l'économie doit altérer les diverses sécrétions. Je ne donne ceci, que comme une explication vraisemblable et non comme base de traitement. Je pourrai quelquefois supposer les secrets de la nature, mais je ne compterai jamais que les faits seuls pour des lumières vraies et sûres.

Enfin, d'après ce que nous venons de dire sur l'adynamie, on juge combien il était difficile de la classer comme la lésion de tel système ou appareil d'organe, puisque toute lésion grave, partielle ou générale peut occasioner cet ensemble de phénomènes dits adynamiques.

Nous avons vu aussi d'après des faits, que s'il est des fièvres qui laissent des lésions apparentes après la mort, il en est aussi qui n'en laissent pas; quoique l'auteur de la nouvelle doctrine ait avancé que *la mort ne reste jamais muette pour qui sait l'interroger.* « Aussi en soutenant, dit M. Bousquet, (1) que les maladies produisent des lésions organiques appréciables, M. Broussais

____

(1) Quelques réflexions sur l'Anatomie pathologique, considérée dans ses rapports avec la science des maladies. *Journ. complém. des Sc. méd.*, année 1820.

a pris l'engagement de faire voir, dans tous les cas, ces lésions après la mort. On conçoit déja qu'il n'a pu se montrer difficile sur les signes qui dénoncent leur existence; la moindre rougeur, la moindre altération de la couleur naturelle d'un organe, lui paraît un signe infaillible d'inflammation, de sorte que si le tube digestif n'est pas d'une couleur parfaitement uniforme dans toute son étendue, les traces qu'il présente sont les restes d'une phlegmasie, et graces au jeu commode des sympathies, on explique ensuite avec la plus grande facilité les symptômes, observés pendant la vie. » Comme tous les symptômes, par exemple, d'une fièvre intermittente, simple ou pernicieuse, de l'ataxie, de l'adynamie, de la fièvre inflammatoire , etc. En vain objecte-t-on que ces taches ne sont d'aucune importance, puisqu'on les trouve dans les cadavres d'individus qui ont succombé à des affections d'un tout autre genre (que les fièvres essentielles), ou même chez ceux qui sont morts accidentellement ; que M. Magendie les a rencontrées très-fréquemment sur les chiens soumis à ses expériences; M. le professeur Beclard, sur les cadavres de la plupart des suppliciés; M. Lerminier, sur un maçon qui se tua en tombant d'un toît; mais on répond à des faits par des suppositions.

On peut bien, en théorie, envisager les maladies dans leur état de simplicité, mais dans la pratique, rien de plus difficile à rencontrer qu'une maladie exempte de toute complication.

Lorsque deux ou plusieurs maladies existent en même temps, il n'en résulte pas seulement un mélange de symptômes propres à chacun; mais l'influence qu'elles exercent réciproquement l'une sur l'autre, change quelquefois leur physionomie, au point de les rendre méconnaissables. C'est même cette cause avec la fréquence des complications qui donnent tant de crédit à la nouvelle doctrine, qui lui vaut même le triomphe dont elle jouit.

La plus petite complication, pendant le cours d'une maladie, est prise par les partisans de la nouvelle doctrine pour la cause de tous les troubles, tandis que le plus souvent elle n'est que l'effet d'une autre lésion primitive. De même, voulant tout attribuer à une lésion organique, sensible, on les voit considérer les désordres les plus graves comme symptômatiques de quelques taches rouges, superficielles, observées sur la surface muqueuse gastrique. Mais le praticien exercé ne se laisse pas séduire par de telles suppositions ; il sait d'après des faits constants qu'une phlègmasie gastrique ne peut occasioner la fièvre et sur-tout des phénomènes ataxiques ou adynamiques que lorsqu'une large surface de la muqueuse gastrique est lésée ; il sait que quelques petits points trouvés injectés, rouges ou même enflammés, et même une légère altération, ne peuvent développer des phénomènes aussi généraux que graves.

En effet, chaque fois que nous avons ouvert des malades morts de gastro-entérite, nous avons constamment trouvé la surface muqueuse gastrique, enflammée dans une grande étendue. Ainsi, chez Beau, page 135, *on a trouvé l'estomac resserré, réduit à la grosseur d'un intestin grêle, sa consistance dure, sa membrane muqueuse épaisse et dans toute son étendue d'un rouge foncé, livide, porté jusqu'au noir dans une foule d'endroits, tous les intestins rétrécis.* Chez Certot, pag. 90, *même remarque : estomac ré-*

tréci dans la moitié pylorique, dilaté dans le bas fond; toute la muqueuse de cette portion tuméfiée, comme ecchymosée et d'un rouge foncé; celle des environs du pylore, rouge aussi, mais beaucoup moins; muqueuse du colon, rouge dans le commencement de cet intestin et dans le cæcum. Chez Tarien, page 77, *induration de la moitié du poumon, gauche, muqueuse gastrique d'un rouge clair, mais fort épaisse, les intestins phlogosés et même sphacélés par places.* Et chez ces deux derniers, à peine y a-t-il eu même des symptômes ataxiques. Analysez tous les faits de gastro-entérite mortels, rapportés dans le traité des Phlègmasies chroniques, et vous serez convaincu de l'exactitude de cette observation.

Ensuite, qu'il serait à desirer que *la mort ne restât pas muette pour qui saurait l'interroger !* Mais les médecins des hôpitaux sont là pour affirmer le contraire. Mais il est, comme l'observe justement M. Bousquet, « des lésions qui disparaissent avec la vie : tel est le mouvement fluxionnaire, tel est le spasme. Combien de fois le cerveau ne s'est-il pas montré parfaitement sain, après avoir été le terme d'une fluxion évidente? C'est qu'après la mort tout rentre sous l'empire de la physique et de l'hydraulique, et tend à se mettre en équilibre partout. »

« Les affections vitales sont très-communes, puisque la plupart des maladies commencent par appartenir à cette classe avant d'être organiques, comme l'a très-bien vu M. Cruveilher (1). Or, comme ce n'est que lorsqu'elles sont parvenues à ce dernier état, qu'elles passent dans le domaine de l'anatomie pathologique. Il s'ensuit que les données qui nous sont fournies par cette science sont souvent incomplètes, et par conséquent insuffisantes pour le pathologiste. En effet, elle ne nous montre les maladies que dans leur dernière période; mais elle ne nous apprend rien sur leur origine, leur développement et toutes les transformations qu'elles ont dû subir pour arriver au point où nous les voyons, c'est-à-dire, au point de causer la mort.

« La maladie vénérienne, comme l'observe encore M. Bousquet, se manifeste, comme chacun sait, par des exostoses, des caries, des ulcères, etc. A ne considérer que ce qui

______

(1) Essai sur l'Anatomie pathologique, t. I, p. 22.

frappe les sens, qui ne croirait que ces lésions constituent l'affection principale? Cependant il est bien reconnu qu'elles n'en
sont que des effets ; et la preuve, c'est
qu'elles réclament impérieusement pour première indication le traitement général de la
syphilis. Cicatriser les ulcères, enlever les
exostoses, détruire la carie, c'est ne rien faire.
Il y a dans l'économie une modification organique, et c'est cette modification qu'il faut
combattre, parce que c'est elle qui est la syphilis. Or cette modification ne tombe pas
sous nos sens. Ouvrez le corps d'un vénérien,
vous n'y trouverez point la vérole; peut-être
y trouverez-vous ses symptômes ; mais les
symptômes ne sont pas toute la maladie. »

« Ceux qui regardent les écrouelles, dit
Bordeu, comme une maladie particulière du
cou, ont pris un seul symptôme pour toute
la maladie; les glandes au cou sont l'effet de
la disposition écrouelleuse et des mouvements qui la développent dans cet endroit
plutôt que dans un autre. » Mais de toutes
les affections ou lésions, aucunes ne laissent
moins de traces après la mort que les névroses, soit febriles ou non. Dans un grand

nombre on trouve bien des traces des complications, des effets consécutifs, mais la lésion essentielle, primitive, nous échappe; et,
pour preuve, interrogez l'anatomie pathologique des lésions nerveuses, vous la trouverez encore dans l'enfance, et de long-temps
elle n'en sortira, tant les phénomènes phy-
siologiques et pathologiques du système nerveux sont encore couverts d'un voile épais.
En effet, que nous a-t-elle appris sur les spasmes, sur le tétanos, sur les convulsions, sur
certaines coliques, tranchées dites nerveuses,
sur les palpitations de même nature que l'on
calme si promptement avec l'eau distillée de
laurier-cerise, sur l'asthme, etc.? On connaît
souvent les causes de ces lésions; mais leur
mode d'action, mais l'altération qu'elles occasionent échappe à nos sens après la mort.
On sait bien, par exemple, qu'un nerf dé-
chiré, lacéré détermine le tétanos; mais
quelle altération organique a-t-on signalé
exister dans le système nerveux ? aucun
jusqu'à présent, et cependant il en existe évidemment, puisque les malades y succombent,
quoique la plaie qui a été la cause première
du trouble général, soit sans douleur lors des

derniers jours de la vie, ou même qu'elle soit guérie. Il en est ainsi de la rage. Qu'observez-vous après la mort? Quelques congestions locales, une rougeur de la gorge; mais ce ne sont que des symptômes consécutifs, des complications, et non l'affection essentielle qui a occasioné tous les désordres tétaniques et la mort. «Il faut se méfier, dit M. Double, de toutes les altérations que l'on trouve à l'ouverture des cadavres, et qui ne conservent ni avec l'état de santé, ni avec les symptômes de la maladie qui a précédé la mort, aucun rapport, aucune analogie, et l'anatomie pathologique offre une foule de cas semblables (1).» On voit, d'après les idées du jour, que si les théories d'Hoffmann ou de ses partisans, de même que celles de Brown, ont porté les praticiens à ne voir que lésions nerveuses, spasmes, asthénies, etc., et à ne considérer les plus petits troubles de l'économie que comme exclusivement symptômatiques de la lésion vitale du système nerveux; on ne voit pas moins évidemment aujourd'hui, que l'influence de la nouvelle doctrine jette dans un autre extrême. Les lésions nerveuses,

____

(1) Séméiologie générale, t. I, p. 72.

vitales, ne sont plus que des chimères, elles ne sont plus que symptômatiques d'un état phlegmasique du système vasiculaire des organes parenchimateux, sur-tout membraneux, ou toutes; nous assure-t-on aussi, dépendent exclusivement d'altération organiques. C'est d'après cette influence, sans doute, que M. Rostan, dans son mémoire sur l'asthme des vieillards, soutient aujourd'hui que cette affection est constamment symptômatique d'une altération organique des viscères renfermés dans la poitrine; parce qu'il a observé constamment des lésions organiques chez les vieillards morts asthmatiques. Il n'y a aucun doute que la péripneumonie chronique, la phthisie, les tumeurs développées dans les poumons ou aux environs, que l'ossification des bronches, des gros vaisseaux, les altérations organiques du cœur, ne soient causes de l'asthme chez les vieillards, de même qu'à tout autre époque de la vie; mais des observations d'asthmes intermittents, parfaitement guéris par les anti-spasmodiques, les solanés, etc., que l'on trouve rapportés dans les meilleurs recueils d'observations, plusieurs faits qui sont à ma connaissance, et plusieurs malades que j'ai traités et guéris, faits que je publierai et j'analyserai dans mes recherches sur la phthisie pulmonaire, ne me permettent pas d'admettre l'opinion beaucoup trop exclusive de M. Rostan. Les poumons, le cœur, ont leur névroses comme les diverses parties du corps, et les névroses peuvent occasioner consécutivement des altérations organiques, quoi qu'en dise l'auteur de l'Asthme des vieillards, de même que l'asthme peut être symptômatique des lésions organiques, quoi qu'en aient dit les Browniens. Je m'écrierai ici, avec M. Surun, que c'est grandement abuser des avantages que fournit l'anatomie pathologique, que de vouloir qu'elle nous mette devant les yeux tous les phénomènes de la vie.

Voilà les erreurs qui m'ont frappé et les réflexions qu'elles m'ont fournies. La doctrine du jour, séduisante par sa simplicité, favorisant la paresse, si chère à l'esprit humain, doit, par ces raisons, avoir trop de partisans pour ne pas être funeste si elle est erronée : et qui peut en douter, d'après les observations que je viens d'exposer, et les vérités qui en découlent? Elle doit avoir tous les dangereux effets des vues exclusives. Comment se pourrait-il que, dans notre siècle, on en crût encore sur parole des mystères de la nature révélés et confiés à un seul homme, si ces mystères ne flattaient l'imagination et la paresse d'esprit qui naît souvent de l'impuissance d'observer? La vertu des nombres, l'horreur du vide, la matière subtile ont aussi eu leur tour; aujourd'hui c'est en médecine une irritation d'un seul organe, sans laquelle aucune fièvre ne peut exister; et cette hypothèse mystérieuse sera la base des traitements! Quand Descartes imagina un jeu de tourbillons pour faire mouvoir les planètes, il se proposa d'amuser notre curiosité. Que les savants le crussent sur parole ou non, leurs idées ne tiraient pas à conséquence pour leurs contemporains; il fallait laisser l'imagination se divertir à sa manière. Mais une hypothèse en médecine a des suites trop graves, pour qu'on ne recherche pas, par l'observation, ce qu'elle a de vrai et de faux dans tous les points qu'elle embrasse. J'oserai le dire ici, je me suis souvent étonné que l'école de médecine n'ait point tenté dans les hôpitaux, par une expérience suivie, d'arrêter une influence si funeste. Cette entreprise me paraît très-facile. Déléguer des médecins, constater les maladies, les traitements, nombrer les malades, et voir ainsi dans les mêmes cas les effets des mêmes moyens. Je n'invoquerais pas l'expérience passée, comme, par exemple, le traité des phlegmasies de M. Broussais, où, par l'observation, la nouvelle doctrine est anéantie. Que peut dans notre esprit une hypothèse obscure, aventurée, contre un si bon ouvrage rempli de tant de faits; j'y rends hommage, comme j'ose blâmer l'assurance vague et les injures répandues dans la nouvelle doctrine qui n'en est pas moins ruinée par l'auteur des phlegmasies. C'est lui, et non les partisans de la nouvelle hypothèse, qui peut invoquer l'appui de Bichat, à l'ombre duquel ils veulent s'avancer dans la carrière. Mais qu'ils ne se flattent point de cet appui; ses ouvrages altérés par leurs interprétations n'en déposent pas moins contre eux, et ne les laissent pas moins tombant de faiblesse aux yeux de ceux qui prennent la peine de lire et de méditer cet immortel auteur.

F I N.